大方廣佛華嚴經

일러두기

1. 『대방광불화엄경 강설』원문原文의 저본底本은 근세에 교정이 가장 잘 되었다고 정평이 나 있는 대만臺灣의 불타교육기금회佛陀敎育基金會에서 출판한『화엄경소초華嚴經疏鈔』본입니다.

2. 『대방광불화엄경 강설』은 실차난타實叉難陀가 695년부터 699년까지 4년에 걸쳐 번역해 낸 80권본卷本 『대방광불화엄경』을 우리말로 옮기고 강설을 붙인 것입니다.

3. 『대방광불화엄경』은 애초 산스크리트에서 한역漢譯된 경전이지만 현재 산스크리트본은 소실된 상태입니다. 산스크리트를 음차한 경우 군이 원래 소리를 표기하려고 하기보다는『표준국어대사전』이나『불교사전』등에 등재된 한자음을 사용하는 것을 원칙으로 하였습니다.

4. 경문의 한글 번역은 동국역경원본을 참고하여 그대로 또는 첨삭을 하며 의미대로 번역하고 다듬었습니다.

5. 각 품마다 내용에 따라 단락을 나누고 제목을 달았습니다. 단락의 제목은 주로 청량淸凉스님의 견해에 기초하였고 이통현李通玄장자의 견해를 참고로 하였습니다.

6. 『대방광불화엄경 강설』의 발행 순서는 한역 경전의 편재 순서를 기준으로 하였고 각 권은 단행본 한 권씩으로 출간될 예정이며 모두 80권으로 완간됩니다. 다만 80권본에 빠져 있는「보현행원품」은 80권본 완역 및 강설 후 시리즈에 포함돼 추가될 예정입니다.

7. 『대방광불화엄경 강설』안에서 불교용어를 풀이한 것은 운허스님이 저술하고 동국역경원에서 편찬한『불교사전』을 인용하였습니다.

8. 각주의 청량스님의 소疏는 대만에서 입력한 大方廣佛華嚴經 사이트의 것을 사용하였습니다.

9. 『대방광불화엄경 강설』입법계품에 들어가는 문수지남도는 북송北宋시대 불국佛國선사가 선재동자가 53명의 선지식을 친견하여 법을 구하는 장면을 하나하나 그림으로 그린 것입니다.

대방광불화엄경 강설
제 76 권

三十九. 입법계품入法界品 17

실차난타實叉難陀 한역
무비스님 강설

서문

선남자여, 응당 마음의 성[心城]을 수호할지니

모든 나고 죽는 경계를 탐하지 않음입니다.

응당 마음의 성을 장엄할지니

일심으로 여래의 열 가지 힘을 구함입니다.

응당 마음의 성을 깨끗이 다스릴지니

간탐하고 질투하고 아첨하고 속이는 일을

끝까지 끊음입니다.

응당 마음의 성을 서늘하게 할지니

일체 모든 법의 참된 성품을 생각함입니다.

응당 마음의 성을 증장케 할지니

도를 돕는 모든 법을 마련함입니다.

응당 마음의 성을 잘 꾸밀지니

모든 선정과 해탈의 궁전을 지음입니다.

응당 마음의 성을 밝게 비출지니

일체 모든 부처님의 도량에 두루 들어가서

반야바라밀법을 들음입니다.

응당 마음의 성을 더 이익하게 할지니

모든 부처님의 방편의 도를 널리 거두어 가짐입니다.

응당 마음의 성을 견고하게 할지니

보현의 행과 원을 항상 부지런히 닦음입니다.

응당 마음의 성을 방비하여 보호할지니

나쁜 동무와 마군을 항상 방어함입니다.

응당 마음의 성을 훤칠하게 통달할지니

모든 부처님의 지혜 광명을 열고 이끌어 들임입니다.

응당 마음의 성을 잘 보충할지니

모든 부처님의 말씀하신 법을 들음입니다.

응당 마음의 성을 붙들어 도울지니

모든 부처님의 공덕 바다를 깊이 믿음입니다.

응당 마음의 성을 넓고 크게 할지니

크게 인자함이 모든 세간에 널리 미침입니다.

응당 마음의 성을 잘 덮어 보호할지니

여러 가지 착한 법을 모아 그 위에 덮음입니다.

응당 마음의 성을 넓힐지니

크게 가엾이 여김으로 모든 중생을 불쌍히 여김입니다.

응당 마음의 성문을 열어 놓을지니

가진 것을 모두 버려서

필요로 함을 따라서 알맞게 보시함입니다.

응당 마음의 성을 세밀하게 보호할지니

모든 나쁜 욕망을 막아서 들어오지 못하게 함입니다.

응당 마음의 성을 엄숙하게 할지니

모든 나쁜 법을 쫓아 버리어 머무르지 못하게 함입니다.

응당 마음의 성을 결정케 할지니

일체 지혜와 도를 돕는 여러 가지 법을 모으고

항상 물러나지 아니함입니다.

응당 마음의 성을 편안하게 세울지니

세 세상 일체 여래의 가지신 경계를 바르게 생각함입니다.

응당 마음의 성을 사무치어 맑게 할지니

모든 부처님의 바른 법륜인 경에 있는 법문과

갖가지 연기緣起를 밝게 통달함입니다.

응당 마음의 성을 여러 부분으로 분별할지니

모든 중생에게 널리 밝게 알려서

모두 살바야의 길을 열어 보게 함입니다.

응당 마음의 성에 머물러 유지할지니

모든 세 세상 여래의 큰 서원 바다를 냄입니다.

응당 마음의 성을 풍부하게 할지니

법계에 가득한 큰 복덕 더미를 모음입니다.

응당 마음의 성을 밝게 할지니

중생의 근성과 욕망 등의 법을 널리 앎입니다.

응당 마음의 성을 자유자재하게 할지니

모든 시방 법계를 두루 거둠입니다.

응당 마음의 성을 청정하게 할지니

일체 모든 부처님 여래를 바르게 생각함입니다.

응당 마음의 성의 자체 성품을 알지니

모든 법이 다 제 성품이 없는 줄을 앎입니다.

응당 마음의 성이 환술과 같음을 알지니

일체 지혜로 모든 법과 성품을 앎입니다.

2017년 12월 1일

신라 화엄종찰 금정산 범어사

如天 無比

대방광불화엄경 목차

제1권   1. 세주묘엄품世主妙嚴品 [1]

제2권   1. 세주묘엄품世主妙嚴品 [2]

제3권   1. 세주묘엄품世主妙嚴品 [3]

제4권   1. 세주묘엄품世主妙嚴品 [4]

제5권   1. 세주묘엄품世主妙嚴品 [5]

제6권   2. 여래현상품如來現相品

제7권   3. 보현삼매품普賢三昧品

        4. 세계성취품世界成就品

제8권   5. 화장세계품華藏世界品 [1]

제9권   5. 화장세계품華藏世界品 [2]

제10권   5. 화장세계품華藏世界品 [3]

제11권   6. 비로자나품毘盧遮那品

제12권   7. 여래명호품如來名號品

        8. 사성제품四聖諦品

제13권   9. 광명각품光明覺品

        10. 보살문명품菩薩問明品

제14권   11. 정행품淨行品

        12. 현수품賢首品 [1]

제15권   12. 현수품賢首品 [2]

제16권   13. 승수미산정품昇須彌山頂品

        14. 수미정상게찬품須彌頂上偈讚品

        15. 십주품十住品

제17권   16. 범행품梵行品

        17. 초발심공덕품初發心功德品

제18권   18. 명법품明法品

제19권   19. 승야마천궁품昇夜摩天宮品

        20. 야마천궁게찬품夜摩天宮讚

        21. 십행품十行品 [1]

제20권   21. 십행품十行品 [2]

제21권   22. 십무진장품十無盡藏品

제22권   23. 승도솔천궁품昇兜率天宮品

제23권   24. 도솔궁중게찬품兜率宮中偈讚

        25. 십회향품十廻向品 [1]

제24권   25. 십회향품十廻向品 [2]

제25권   25. 십회향품十廻向品 [3]

제26권   25. 십회향품十廻向品 [4]

제27권   25. 십회향품十廻向品 [5]

제28권   25. 십회향품十廻向品 [6]

제29권   25. 십회향품十廻向品 [7]

제30권   25. 십회향품十廻向品 [8]

제31권   25. 십회향품十廻向品 [9]

제32권   25. 십회향품十廻向品 [10]

제33권   25. 십회향품十廻向品 [11]

제34권   26. 십지품十地品 [1]

제35권   26. 십지품十地品 [2]

제36권   26. 십지품十地品 [3]

제37권   26. 십지품十地品 [4]

제38권   26. 십지품十地品 [5]

제39권	26. 십지품 十地品 [6]	
제40권	27. 십정품 十定品 [1]	
제41권	27. 십정품 十定品 [2]	
제42권	27. 십정품 十定品 [3]	
제43권	27. 십정품 十定品 [4]	
제44권	28. 십통품 十通品	
	29. 십인품 十忍品	
제45권	30. 아승지품 阿僧祇品	
	31. 여래수량품 如來壽量品	
	32. 보살주처품 菩薩住處品	
제46권	33. 불부사의법품 佛不思議法品 [1]	
제47권	33. 불부사의법품 佛不思議法品 [2]	
제48권	34. 여래십신상해품 如來十身相海品	
	35. 여래수호광명공덕품 如來隨好光明功德品	
제49권	36. 보현행품 普賢行品	
제50권	37. 여래출현품 如來出現品 [1]	
제51권	37. 여래출현품 如來出現品 [2]	
제52권	37. 여래출현품 如來出現品 [3]	
제53권	38. 이세간품 離世間品 [1]	
제54권	38. 이세간품 離世間品 [2]	
제55권	38. 이세간품 離世間品 [3]	
제56권	38. 이세간품 離世間品 [4]	
제57권	38. 이세간품 離世間品 [5]	
제58권	38. 이세간품 離世間品 [6]	
제59권	38. 이세간품 離世間品 [7]	
제60권	39. 입법계품 入法界品 [1]	
제61권	39. 입법계품 入法界品 [2]	
제62권	39. 입법계품 入法界品 [3]	
제63권	39. 입법계품 入法界品 [4]	
제64권	39. 입법계품 入法界品 [5]	
제65권	39. 입법계품 入法界品 [6]	
제66권	39. 입법계품 入法界品 [7]	
제67권	39. 입법계품 入法界品 [8]	
제68권	39. 입법계품 入法界品 [9]	
제69권	39. 입법계품 入法界品 [10]	
제70권	39. 입법계품 入法界品 [11]	
제71권	39. 입법계품 入法界品 [12]	
제72권	39. 입법계품 入法界品 [13]	
제73권	39. 입법계품 入法界品 [14]	
제74권	39. 입법계품 入法界品 [15]	
제75권	39. 입법계품 入法界品 [16]	
제76권	**39. 입법계품 入法界品 [17]**	
제77권	39. 입법계품 入法界品 [18]	
제78권	39. 입법계품 入法界品 [19]	
제79권	39. 입법계품 入法界品 [20]	
제80권	39. 입법계품 入法界品 [21]	
제81권	40. 보현행원품 普賢行願品	

대방광불화엄경 강설 제76권

三十九. 입법계품入法界品 17

【 지말법회의 53선지식 】

【 회연입실상의 총의의 선지식 】

42. 마야부인 ··· 17

  1) 가르침에 의지하여 선지식을 찾다 ······················ 17

    (1) 선재동자가 관이 성취되다 ···························· 17

    (2) 수승한 인연이 인도하다 ······························ 24

      1〉주성신이 가르침을 나타내다 ···················· 24

      2〉신중신이 법을 주다 ······························ 46

      3〉나찰귀왕이 가르쳐 보이다 ······················ 52

  2) 공경을 보이고 법을 묻다 ······························ 60

    (1) 마야부인 선지식의 의보를 밝히다 ··················· 60

    (2) 마야부인 선지식의 정보를 밝히다 ··················· 65

　　　1〉 마야부인 선지식의 신상을 밝히다 ·····················65

　　　2〉 마야부인 선지식의 신업을 밝히다 ·····················76

　　3) 공경을 베풀고 법을 묻다 ·····························83

　　4) 마야부인이 법을 설하다 ···························86

　　　(1) 현재 비로자나불의 어머니 ·····················86

　　　(2) 과거 모든 부처님의 어머니 ····················104

　　　(3) 현겁 중의 모든 부처님의 어머니 ···············107

　　　(4) 종횡으로 무궁함을 밝히다 ·····················123

　　　(5) 해탈을 얻은 근원을 밝히다 ····················124

　　5) 자기는 겸손하고 다른 이의 수승함을 추천하다 ·············132

　　6) 다음 선지식 찾기를 권유하다 ·····················133

【 회연입실상의 별의의 선지식 】

43. 천주광녀 ··135

　　1) 가르침에 의지하여 선지식을 찾아 법을 묻다 ·················135

　　2) 천주광녀가 법을 설하다 ························137

　　3) 자기는 겸손하고 다른 이의 수승함을 추천하다 ·············146

　　4) 다음 선지식 찾기를 권유하다 ·····················147

44. 변우동자사 ···149

　1) 가르침에 의지하여 선지식을 찾아 법을 묻다 ················149

　2) 다음 선지식 찾기를 권유하다 ·····························150

45. 지중예동자 ···153

　1) 가르침에 의지하여 선지식을 찾아 법을 묻다 ················153

　2) 지중예동자가 법을 설하다 ·······························155

　3) 자기는 겸손하고 다른 이의 수승함을 추천하다 ··········173

　4) 다음 선지식 찾기를 권유하다 ····························177

46. 현승우바이 ···179

　1) 가르침에 의지하여 선지식을 찾아 법을 묻다 ················179

　2) 현승우바이가 법을 설하다 ·······························180

　3) 자기는 겸손하고 다른 이의 수승함을 추천하다 ··········185

　4) 다음 선지식 찾기를 권유하다 ····························185

47. 견고장자 ···189

　1) 가르침에 의지하여 선지식을 찾아 법을 묻다 ················189

　2) 견고장자가 법을 설하다 ·······························190

　3) 자기는 겸손하고 다른 이의 수승함을 추천하다 ··········191

　4) 다음 선지식 찾기를 권유하다 ····························192

48. 묘월장자 ·······························195

　　1) 가르침에 의지하여 선지식을 찾아 법을 묻다 ··········195

　　2) 묘월장자가 법을 설하다 ························196

　　3) 자기는 겸손하고 다른 이의 수승함을 추천하다 ········197

　　4) 다음 선지식 찾기를 권유하다 ···················197

49. 무승군장자 ···························201

　　1) 가르침에 의지하여 선지식을 찾아 법을 묻다 ··········201

　　2) 무승군장자가 법을 설하다 ·····················202

　　3) 자기는 겸손하고 다른 이의 수승함을 추천하다 ········203

　　4) 다음 선지식 찾기를 권유하다 ···················203

50. 최적정바라문 ·························207

　　1) 가르침에 의지하여 선지식을 찾아 법을 묻다 ··········207

　　2) 최적정바라문이 법을 설하다 ···················209

　　3) 자기는 겸손하고 다른 이의 수승함을 추천하다 ········210

　　4) 다음 선지식 찾기를 권유하다 ···················211

대방광불화엄경 강설

제76권

三十九. 입법계품 17

문수지남도 제42, 선재동자가 마야부인을 친견하다.

42. 마야부인摩耶夫人

회연입실상會緣入實相의 총의總義의 선지식

1) 가르침에 의지하여 선지식을 찾다

(1) 선재동자가 관觀이 성취되다

이시   선재동자   일심욕예마야부인소
爾時에 **善財童子**가 **一心欲詣摩耶夫人所**러니

즉시획득관불경계지   작여시념
卽時獲得觀佛境界智하야 **作如是念**호대

그때에 선재동자가 한결같은 마음으로 마야부인摩耶
夫人이 계신 데 나아가고자 하니 즉시에 부처님의 경계
를 관찰하는 지혜를 얻어서 이와 같이 생각하였습니다.

마야부인 선지식을 '회연입실상會緣入實相의 총의總義의 선
지식'이라고 한 것은 제10 법운지 선지식까지 끝나고 "앞의

여러 가지 지위의 차별한 인연을 모아서 하나의 진실한 법계에 들어가는 전체적인 의미를 가진다."라는 뜻이다. 앞에서 등장한 선지식이 가르쳐 준 대로 선재동자가 한결같은 마음으로 마야부인 계신 데 나아가고자 하니 즉시에 '부처님의 경계를 관찰하는 지혜'를 얻었다고 하였다. 이것이 곧 선재동자가 관觀이 성취되었다는 것이다.

관觀이란 흔히 지관止觀을 함께 말하는데 지止는 범어로 Śamatha, 관觀은 Vipaśyana이다. 정定·혜慧를 닦는 두 가지 법이다. 불교의 중요한 수도 방법으로서, 지는 정지停止이니 마음을 고요히 거두어 망념을 쉬고 한 곳에 집중하는 것이고, 관은 관달觀達로서 지혜를 일으켜 관조하여 진여에 계합하는 것이다. 이 둘은 서로 떨어질 수 없는 일대一對의 법이어서, 두 법이 서로 의지하고 도와서 해탈의 중요한 길을 이루므로 지관이라 한다. 여기에서는 '부처님의 경계를 관찰하는 지혜'를 얻었다는 뜻이다.

마야부인摩耶夫人 선지식은 곧 마야摩耶라고도 하고 또는 마하마야摩訶摩耶라고도 한다. 석존의 어머니로서 구리성주拘利城主 선각왕善覺王의 누이이다. 가비라성주 정반왕의 왕비로서 왕자 실달타를 낳고 7일 만에 돌아가셨다. 마하마야 摩訶摩耶라고 하면 범어로는 Mahāmāyā이다. 대환大幻·대 술大術·대지모大智母·천후天后라고 번역한다. 아무튼 역사 적으로 실재했던 사람이 선지식으로 등장하였다. 이것은 변 화한 사람인가, 실재한 사람인가. 변화한 사람도 아니며 실 재한 사람도 아니다. 또한 변화한 사람이면서 곧 실재한 사 람이다.

시 선 지 식   원 리 세 간   주 무 소 주   초 과 육
是善知識이 **遠離世間**하야 **住無所住**하야 **超過六**

처   이 일 체 착
處하야 **離一切着**하며

'이 선지식은 세간을 멀리 여의고 머물 데 없는 데 머물며, 여섯 군데를 초월하여 모든 애착을 떠났으며,

선재동자는 '부처님의 경계를 관찰하는 지혜'인 관觀이 성 취되었으므로 선지식에 대해서 이와 같은 생각을 하는 것이 다. 선지식은 세간을 멀리 여의고 머물 데 없는 데 머물렀기

때문에 여섯 군데를 초월하여 모든 애착을 떠났다고 하였다. 여섯 군데[六處]란 육입六入이라고도 한다. 12인연의 하나로서 중생의 눈·귀·코·혀·몸·뜻의 6근을 말한다. 흔히 12처라고 하는 것은 육근과 육경을 합하여 말한 것이다.

지 무 애 도　　구 정 법 신　　이 여 환 업　　이 현
知無礙道하야　具淨法身하며　以如幻業으로　而現

화 신　　　이 여 환 지　　이 관 세 간　　이 여 환 원
化身하며　以如幻智로　而觀世間하며　以如幻願으로

이 지 불 신
而持佛身하니라

걸림 없는 도를 알고 깨끗한 법의 몸을 갖추어 환술과 같은 업으로 변화의 몸을 나타내며, 환술과 같은 지혜로 세간을 관찰하며, 환술과 같은 소원으로 부처님 몸을 지니었으리라.

수 의 생 신　　무 생 멸 신　　무 래 거 신　　비 허 실 신
隨意生身과　無生滅身과　無來去身과　非虛實身

불변괴신　　무기진신　　소유제상개일상신
과 **不變壞身** 과 **無起盡身** 과 **所有諸相皆一相身** 과

이이변신　　무의처신　　무궁진신
離二邊身 과 **無依處身** 과 **無窮盡身** 과

　뜻대로 나는 몸과, 나고 없어짐이 없는 몸과, 오고
감이 없는 몸과, 헛되고 진실함이 없는 몸과, 변하여 무
너지지 않는 몸과, 일어나고 다함이 없는 몸과, 모든 모
습이 다 한가지 모습인 몸과, 두 곳으로 치우침을 떠난
몸과, 의지할 데 없는 몸과, 끝나지 않은 몸과,

　이제분별여영현신　　지여몽신　　요여상신
離諸分別如影現身 과 **知如夢身** 과 **了如像身** 과

여정일신　　보어시방이화현신　　주어삼세무
如淨日身 과 **普於十方而化現身** 과 **住於三世無**

변이신　　비신심신　　유여허공　　소행무애
變異身 과 **非身心身** 이 **猶如虛空** 하야 **所行無礙** 하사

초제세안　　　유시보현정목소견
超諸世眼 하시니 **唯是普賢淨目所見** 이니라

　모든 분별을 떠나서 그림자처럼 나타나는 몸과, 꿈

같은 줄 아는 몸과, 영상 같음을 아는 몸과, 맑은 해와 같은 몸과, 시방에 널리 나타내는 몸과, 세 세상에 머물되 변함이 없는 몸과, 몸도 마음도 아닌 몸이니, 마치 허공과 같아서 가는 데마다 걸림이 없고 모든 세간의 눈을 뛰어났으니 오직 보현의 깨끗한 눈으로 보는 바이니라.

선재동자는 또 생각하기를, '마야부인이라는 선지식은 또한 걸림 없는 도를 잘 알고, 청정한 법신을 잘 갖추어 환술과 같은 업으로 변화의 몸을 나타내며, 환술과 같은 지혜로 세간을 관찰하며, 환술과 같은 소원으로 부처님 몸을 지니었으므로 뜻대로 나는 몸과 나고 없어짐이 없는 몸과 오고 감이 없는 몸 등 온갖 몸을 갖추었을 것이다. 또 모든 세간의 눈을 뛰어났으니 오직 보현의 깨끗한 눈으로 보는 바일 것이다.'라고 하였다.

여 시 지 인　아 금 운 하 이 득 친 근 승 사 공 양
如是之人을 我今云何而得親近承事供養하야

여기동주　　관기상모　　청기음성　　사기어
與其同住하며 **觀其狀貌**하며 **聽其音聲**하며 **思其語**

언　　수기교회
言하며 **受其敎誨**리오

　이와 같은 이를 제가 어떻게 친근하여 받들어 섬기고 공양하며, 그와 함께 있으면서 그의 형상을 보고, 그의 음성을 듣고, 그의 말을 생각하고, 그의 가르침을 받을 수 있겠는가.' 라고 하였습니다.

　선재동자가 '부처님의 경계를 관찰하는 지혜'인 관觀이 성취되었으므로 선지식에 대해서 알고 생각하는 내용 그대로가 부처님의 경계이며, 그것은 곧 선지식의 경계가 된다. 그와 같은 경계는 다만 마야부인 선지식의 경계만은 아닐 것이다. 화엄경에 등장하는 모든 보살과 모든 선지식의 공통된 경계일 것이다. 이와 같은 경계를 또한 선재동자가 알고 생각하므로 마지막에 생각하기를 '이와 같은 이를 제가 어떻게 친근하여 받들어 섬기고 공양하며, 그와 함께 있으면서 그의 형상을 보고, 그의 음성을 듣고, 그의 말을 생각하고, 그의 가르침을 받을 수 있겠는가.'라고 하였다. 감히 함께하기 어

러운 경지라는 뜻이다. 그러자 곧 수승한 인연들이 선재동
자를 인도하게 된다.

(2) 수승한 인연이 인도하다

1〉 주성신主城神이 가르침을 나타내다

작 시 념 이　유 주 성 신　　명 왈 보 안　권 속 위
作是念已에 有主城神하니 名曰寶眼이니 眷屬圍

요　　어 허 공 중　이 현 기 신　　종 종 묘 물　이 위
繞하야 於盧空中에 而現其身하야 種種妙物로 以爲

엄 식　　수 지 무 량 중 색 보 화　　이 산 선 재　　작
嚴飾하며 手持無量衆色寶華하야 以散善財하고 作

여 시 언
如是言호대

　이렇게 생각하였을 때에 한 성城을 맡은 신이 있으니
이름이 보안寶眼이었습니다. 권속에게 둘러싸여 허공에
몸을 나타내고 갖가지 묘한 물건으로 장엄하였으며, 손
에는 한량없는 여러 가지 색의 보배 꽃을 들고 선재동
자에게 흩고 이와 같이 말하였습니다.

선재동자가 '부처님의 경계를 관찰하는 지혜'인 관觀을 성취하고 보니 마야부인 선지식은 자신의 능력으로 함께하기가 매우 어렵다는 생각을 하였다. 그러자 곧 선재동자를 인도하여 마야부인을 친견할 수 있도록 하는 수승한 인연이 등장하여 가르침을 준다. 먼저 성을 맡은 주성신主城神이 등장하여 마음의 성을 응당 잘 수호하고, 장엄하고, 깨끗이 다스리는 것 등을 가르친다.

선 남 자   응 수 호 심 성   위 불 탐 일 체 생 사 경
善男子야 **應守護心城**이니 **謂不貪一切生死境**
계
界며

"선남자여, 응당 마음의 성[心城]을 수호할지니, 모든 나고 죽는 경계를 탐하지 않음입니다."

사람의 마음은 본래로 불생불멸이며 불생불사다. 그러나 사람들이 만약 죽고 사는 경계를 탐하고 따라다닌다면 본래로 불생불멸하는 마음의 성을 수호하지 못하고 누리지

못하여 허망한 생멸이 되고 만다.

응 장 엄 심 성　　위 전 의 취 구 여 래 십 력

應莊嚴心城이니 謂專意趣求如來十力이며

"응당 마음의 성을 장엄할지니, 일심으로 여래의 열 가지 힘을 구함입니다."

마음은 본래로 무한한 능력과 가능성을 지니고 있다. 그러나 무한한 능력과 가능성을 지니고 있다고 해서 그대로 둔다면 아무런 쓸모없는 것이 되고 만다. 그래서 일심으로 여래의 열 가지 힘을 구해서 잘 장엄해야 한다.

열 가지 힘이란 부처님께만 있는 열 가지 심력心力으로서 ① 중생의 옳은 곳과 그른 곳을 아는 지혜의 힘[處非處智力] ② 과거 미래 현재에 업으로 받는 과보를 아는 지혜의 힘[業異熟智力] ③ 모든 선정과 해탈과 삼매와 때 묻고 깨끗함이 일어나는 때와 때 아님을 아는 지혜의 힘[靜慮解脫等持等至智力] ④ 모든 근성이 영리하고 둔함을 아는 지혜의 힘[根上下智力] ⑤ 가지가지 이해를 아는 지혜의 힘[種種勝解智力] ⑥ 갖가지 경계를 아는 지혜의 힘[種種界智力] ⑦ 온갖 곳에 이르러 갈 길을 아는 지혜의 힘[遍趣行智力] ⑧ 일체 세계에서 지난 세상에 머물던 일을 기억함에 따라 아는 지혜의 힘[宿住隨念智力] ⑨ 죽은 뒤에 어디에 태어나는가를 아는 지혜의 힘[死生智力] ⑩ 누진통의 지혜의 힘[漏盡智力]이다.

만약 이와 같은 힘을 갖추지 못한다면 아무리 무한한 능력과 무한한 가능성을 지니고 있다 한들 어디에 쓰겠는가.

應淨治心城이니 謂畢竟斷除慳嫉諂誑이며

응 정 치 심 성　　위 필 경 단 제 간 질 첨 광

"응당 마음의 성을 깨끗이 다스릴지니, 간탐하고 질투하고 아첨하고 속이는 일을 끝까지 끊음입니다."

죄업이란 그 자체의 성품이 없으나 마음으로부터 죄업이 일어난다[罪無自性從心起]고 하였다. 그러므로 간탐하고 질투하고 아첨하고 속이는 일을 끝까지 잘 다스려야만 본래로 텅 빈 청정한 마음을 지닐 수 있다.

응 청 량 심 성　　　위 사 유 일 체 제 법 실 성
應清涼心城이니 **謂思惟一切諸法實性**이며

"응당 마음의 성을 서늘하게 할지니, 일체 모든 법의 참된 성품을 생각함입니다."

모든 법은 본래로 항상 저절로 적멸한 모습이다. 그러나 그 적멸한 본래의 모습을 깊이 사유하여 자신의 것이 되어야 마음이 청량해진다.

응 증 장 심 성　　　위 성 판 일 체 조 도 지 법
應增長心城이니 **謂成辦一切助道之法**이며

"응당 마음의 성을 증장케 할지니, 도를 돕는 모든 법을 마련함입니다."

마음도 항상 증장한다. 무엇으로 증장하는가. 37종의 도를 돕는 법과 그 외에 여러 가지 도를 돕는 법을 빠짐없이 마련해야 마음이 증장하는 것이다. 마음 마음 마음 하면서 마음만 외치고 아무런 법을 마련하지 않는다면 바싹 마른

마음이 되어서 아무것에도 쓸모가 없게 된다. 예를 들어 육
바라밀을 골고루 닦아야지 한 가지만을 고집하여 닦는다면
위험한 수행이 되고 만다.

응 엄 식 심 성　　　위 조 립 제 선 해 탈 궁 전
應嚴飾心城이니 **謂造立諸禪解脫宮殿**이며

"응당 마음의 성을 잘 꾸밀지니, 모든 선정과 해탈의
궁전을 지음입니다."

마음의 성에는 선정과 해탈의 궁전을 많이 지어야 하고,
기타 육바라밀의 궁전도 많이 지어야 한다. 그래야 마음의
성이 아름답게 된다. 예컨대 텅 빈 도시는 유령의 도시일 뿐
이다. 수행자의 마음이 유령의 도시가 된다면 어떻게 되겠
는가.

응 조 요 심 성　　　위 보 입 일 체 제 불 도 량　　　청
應照耀心城이니 **謂普入一切諸佛道場**하야 **聽**

수 반 야 바 라 밀 법
受般若波羅蜜法이며

"응당 마음의 성을 밝게 비출지니, 일체 모든 부처님의 도량에 두루 들어가서 반야바라밀법을 들음입니다."

일체 모든 부처님의 도량에 두루 들어가서 반야바라밀법을 듣는다는 것은 무엇을 의미하는가. 대승보살불교의 가르침인 이 화엄경을 잘 공부하여 지혜의 법을 받아 지니는 일이다. 그래야만 사람들의 마음을 환하게 밝게 비추게 된다. 가장 우수한 부처님의 정법을 듣지 못한다면 어찌 마음을 밝게 비출 수 있겠는가.

응 증 익 심 성   위 보 섭 일 체 불 방 편 도
應增益心城이니 **謂普攝一切佛方便道**며

"응당 마음의 성을 더 이익하게 할지니, 모든 부처님의 방편의 도를 널리 거두어 가짐입니다."

마음속에는 본래로 아주 뛰어난 부처님의 방편도를 지니

고 있다. 그것을 더욱 널리 배우고 거두어 가질수록 마음의
성은 더욱 부유해진다.

응 견 고 심 성　　위 항 근 수 습 보 현 행 원
應堅固心城이니 **謂恒勤修習普賢行願**이며

"응당 마음의 성을 견고하게 할지니, 보현의 행과 원
을 항상 부지런히 닦음입니다."

중생들을 제도하는 마음이 더욱 견고해지려면 보현의 행
과 원을 항상 부지런히 닦아야 한다. 보현의 행과 원이 없고
서야 어떻게 중생을 제도하는 마음이 견고할 수 있겠는가.

응 방 호 심 성　　위 상 전 어 한 악 우 마 군
應防護心城이니 **謂常專禦扞惡友魔軍**이며

"응당 마음의 성을 방비하여 보호할지니, 나쁜 동무
와 마군을 항상 방어함입니다."

사람들이 사는 주변 환경은 악한 벗과 마군들로 둘러 싸여 있다. 온갖 유혹의 경계가 넘쳐나서 한순간도 방심할 수 없다. 조금이라도 틈이 생기면 나쁜 일과 마군들이 침범한다.

응 확 철 심 성　　위 개 인 일 체 불 지 광 명
應廓徹心城이니 **謂開引一切佛智光明**이며

"응당 마음의 성을 훤칠하게 통달할지니, 모든 부처님의 지혜 광명을 열고 이끌어 들임입니다."

마음을 툭 터지게 통달하여 있지 않으면 바늘 하나도 용납하지 못한다. 그래서야 어떻게 화엄경과 같은 큰 법이 들어올 수 있겠는가. 불보살과 일체 선지식의 지혜의 가르침이 마음속으로 들어오게 하려면 마음이 훤칠하게 통달하여 있어야 한다.

응 선 보 심 성　　　 위 청 수 일 체 불 소 설 법
應善補心城이니 **謂聽受一切佛所說法**이며

"응당 마음의 성을 잘 보충할지니, 모든 부처님의 말
씀하신 법을 들음입니다."

마음속에는 본래로 온갖 뛰어난 법이 가득하지만 부처님
의 훌륭한 법문으로써 마중물이 되어 본래 있는 한량없는 법
문을 길어 올리게 된다. 그러므로 항상 법문을 들어 마음의
성을 잘 보충하여야 한다.

응 부 조 심 성　　　 위 심 신 일 체 불 공 덕 해
應扶助心城이니 **謂深信一切佛功德海**며

"응당 마음의 성을 붙들어 도울지니, 모든 부처님의
공덕 바다를 깊이 믿음입니다."

마음 부처님이 본래로 지니고 있는 무한한 공덕 바다를
항상 깊이 믿음으로써 마음의 성을 튼튼하게 붙들어 돕게 된
다. 마음은 텅 빈 입장도 있으나 온갖 만행 만덕을 갖추고

있다는 사실을 굳게 믿어야 그 마음이 요지부동이 된다. 무엇으로 그 사람의 마음을 움직일 수 있겠는가.

_{응 광 대 심 성}   _{위 대 자 보 급 일 체 세 간}
應廣大心城이니 **謂大慈普及一切世間**이며

"응당 마음의 성을 넓고 크게 할지니, 크게 인자함이 모든 세간에 널리 미침입니다."

부처님의 대자대비가 온 세상에 널리 이르게 하려면 먼저 마음을 광대하게 만들어야 한다. 사람의 마음은 쓰는 사람에 따라 넓기도 하고 좁기도 하기 때문이다. 이 또한 훌륭한 선지식을 친견하는 데 중요한 조건이 된다.

_{응 선 부 심 성}   _{위 집 중 선 법}   _{이 부 기 상}
應善覆心城이니 **謂集衆善法**하야 **以覆其上**이며

"응당 마음의 성을 잘 덮어 보호할지니, 여러 가지 착한 법을 모아 그 위에 덮음입니다."

훌륭한 선지식을 친견하려면 마음의 성을 잘 다스려야 하는데 그것을 여러 가지로 가르치는 가운데 여러 가지 선한 법으로 마음의 성을 잘 덮어야 하는 것이다.

   <ruby>應<rt>응</rt></ruby><ruby>寬<rt>관</rt></ruby><ruby>廣<rt>광</rt></ruby><ruby>心<rt>심</rt></ruby><ruby>城<rt>성</rt></ruby>이니 <ruby>謂<rt>위</rt></ruby><ruby>大<rt>대</rt></ruby><ruby>悲<rt>비</rt></ruby><ruby>哀<rt>애</rt></ruby><ruby>愍<rt>민</rt></ruby><ruby>一<rt>일</rt></ruby><ruby>切<rt>체</rt></ruby><ruby>衆<rt>중</rt></ruby><ruby>生<rt>생</rt></ruby>이며

   "응당 마음의 성을 넓힐지니, 크게 가엾이 여김으로 모든 중생을 불쌍히 여김입니다."

   불법은 중생들을 크게 가엾이 여겨서 그들을 끝까지 지키고 보호하는 것이 전부다. 왜냐하면 중생들은 불보살의 영원한 화두며 선지식의 영원한 화두이기 때문이다. 또한 중생들은 불보살이 사랑하는 영원한 사랑의 대상이기 때문이다. 그러려면 먼저 마음의 성을 무한히 넓혀야 한다. 이와 같은 마음이 있어야 훌륭한 선지식을 친견하게 된다.

응 개 심 성 문   위 실 사 소 유   수 응 급 시
應開心城門이니 **謂悉捨所有**하야 **隨應給施**며

"응당 마음의 성문을 열어 놓을지니, 가진 것을 모두 버려서 필요로 함을 따라서 알맞게 보시함입니다."

불교의 수많은 수행과 보살행 중에는 제일이 보시행이다. 언제나 남을 먼저 배려하고 널리 보시를 행하려면 마음의 성문을 활짝 열어 두어야 한다. 아예 문을 떼어 내어 없애 버려야 한다. 크게 보시하는 데는 문이 없기[大施無門] 때문이다.

응 밀 호 심 성   위 방 제 악 욕   불 령 득 입
應密護心城이니 **謂防諸惡欲**하야 **不令得入**이며

"응당 마음의 성을 세밀하게 보호할지니, 모든 나쁜 욕망을 막아서 들어오지 못하게 함입니다."

훌륭한 선지식을 친견하려면 또 마음의 성을 자세히 살피고 면밀히 보호하여 모든 악과 욕망이 마음속으로 들어오

지 못하도록 잘 막아야 한다. 온갖 악과 속된 욕망이 들끓는 마음으로 무슨 선지식을 친견하겠는가.

응 엄 숙 심 성　　　위 축 제 악 법　　　불 령 기 주
應嚴肅心城이니 **謂逐諸惡法**하야 **不令其住**며

"응당 마음의 성을 엄숙하게 할지니, 모든 나쁜 법을 쫓아 버리어 머무르지 못하게 함입니다."

사람이 마음을 엄숙하게 하고 있으면 온갖 잡스러운 사람이나 악을 저지르려는 사람들이 범접하지 못한다. 훌륭한 선지식을 친견하려는 사람으로서 어찌 그러한 틈을 보이겠는가.

응 결 정 심 성　　　위 집 일 체 지 조 도 지 법　　　항 무
應決定心城이니 **謂集一切智助道之法**하야 **恒無**

퇴 전
退轉이며

"응당 마음의 성을 결정케 할지니, 일체 지혜와 도를 돕는 여러 가지 법을 모으고 항상 물러나지 아니함입니다."

훌륭한 선지식을 친견하려는 사람으로서는 그 마음이 언제나 분명하고 확실해야 한다. 그래야 일체 지혜를 모아 항상 물러나지 않게 된다.

응 안 립 심 성   위 정 념 삼 세 일 체 여 래 소 유 경
應安立心城이니 **謂正念三世一切如來所有境**

계
界며

"응당 마음의 성을 편안하게 세울지니, 세 세상 일체 여래의 가지신 경계를 바르게 생각함입니다."

또 마음이 편안하게 서 있어야 한다. 그래야 일체 여래의 가지신 경계를 바르게 생각하게 된다.

응 영 철 심 성　　위 명 달 일 체 불 정 법 륜　　수 다
應瑩徹心城이니 **謂明達一切佛正法輪**인 **修多**

라 중 소 유 법 문　　종 종 연 기
羅中所有法門과 **種種緣起**며

"응당 마음의 성을 사무치어 맑게 할지니, 모든 부처
님의 바른 법륜인 경에 있는 법문과 갖가지 연기緣起를
밝게 통달함입니다."

선지식을 친견하려는 사람은 그 마음이 철저히 맑아야
한다. 마음이 맑아야 모든 부처님의 바른 법을 밝게 통달할
수 있으며, 온갖 경전의 법문을 밝게 통달할 수 있으며, 특히
가지가지 연기의 이치를 밝게 통달할 수 있다.

응 부 분 심 성　　위 보 효 시 일 체 중 생　　개 령
應部分心城이니 **謂普曉示一切衆生**하야 **皆令**

득 견 살 바 야 도
得見薩婆若道며

"응당 마음의 성을 여러 부분으로 분별할지니, 모든
중생에게 널리 밝게 알려서 모두 살바야의 길을 열어

보게 함입니다."

또 마음을 여러 부분으로 분별할 수 있어야 한다. 마음에 대해서 여러 가지 속성을 잘 알아서 중생들에게 일체 지혜의 길을 볼 수 있게 가르치는 것이다.

응 주 지 심 성　　위 발 일 체 삼 세 여 래 제 대 원 해
應住持心城이니 **謂發一切三世如來諸大願海**며

"응당 마음의 성에 머물러 유지할지니, 모든 세 세상 여래의 큰 서원 바다를 냄입니다."

또 마음의 성에 잘 머물러야 여래의 모든 큰 서원 바다를 낼 수 있는 것이다. 서원은 마음으로부터 나오는 것이고, 서원은 보살의 삶의 목적이기 때문이다.

응 부 실 심 성　　위 집 일 체 주 변 법 계 대 복 덕 취
應富實心城이니 **謂集一切周徧法界大福德聚**며

"응당 마음의 성을 풍부하게 할지니, 법계에 가득한 큰 복덕 더미를 모음입니다."

부유만덕富有萬德이라고 하였다. 마음은 본래로 만덕을 소유하고 있으나 그것을 더욱 풍부하게 해야 한다. 그래야 온 천하를 다 덮고도 남을 복으로 중생들에게 널리 베풀 수 있다.

응 령 심 성 명 료　　위 보 지 중 생 근 욕 등 법
應令心城明了니 謂普知衆生根欲等法이며

"응당 마음의 성을 밝게 할지니, 중생의 근성과 욕망 등의 법을 널리 앎입니다."

중생을 교화하려면 먼저 자신의 마음을 밝게 해야 한다. 그래야 중생들의 근성과 욕망을 널리 잘 알아서 알맞게 교화할 수 있기 때문이다.

응 령 심 성 자 재　위 보 섭 일 체 시 방 법 계
應令心城自在니 **謂普攝一切十方法界**며

"응당 마음의 성을 자유자재하게 할지니, 모든 시방
법계를 두루 거둠입니다."

선지식을 친견하는 마음은 자유자재해야 한다. 마음이
자유자재하지 못하면 치우치고 편협하게 된다. 그래서 시방
법계를 두루 섭수하지 못하게 된다.

응 령 심 성 청 정　위 정 념 일 체 제 불 여 래
應令心城淸淨이니 **謂正念一切諸佛如來**며

"응당 마음의 성을 청정하게 할지니, 일체 모든 부처
님 여래를 바르게 생각함입니다."

선지식을 친견하는 마음은 여래를 바르게 생각할 수 있
어야 하고, 여래를 바르게 생각하려면 마음이 텅 비어 청정
하게 되어야 한다.

응 지 심 성 자 성　　위 지 일 체 법　　개 무 유 성
應知心城自性이니 **謂知一切法**이 **皆無有性**이며

"응당 마음의 성의 자체 성품을 알지니, 모든 법이
다 제 성품이 없는 줄을 앎입니다."

마음의 자체 성품은 우주법계에 가득히 차 있으나 고정
불변하는 실체가 있는 것은 아니다. 마음의 자체 성품이 그
러하므로 일체 법도 또한 고정 불변하는 자체 성품이 있지
않다. 그래서 고인古人이 말씀하시기를 "여기에 한 물건이 있
으니 이름과 모양은 없으나 고금을 관통하였으며, 작은 먼
지 속에 있으나 온 우주를 에워싸고 있다."[1] 라고 하였다.
즉 그 한 물건이 모든 시간과 모든 공간을 다 머금었으나 고
정된 실체는 없는 이치이다.

응 지 심 성 여 환　　위 이 일 체 지　　요 제 법 성
應知心城如幻이니 **謂以一切智**로 **了諸法性**이니라

---

1) 有一物於此하니 絶名狀하되 貫古今하고 處一塵하되 圍六合이로다.

"응당 마음의 성이 환술과 같음을 알지니, 일체 지혜로 모든 법과 성품을 앎입니다."

마음은 환술과 같아서 온갖 것을 다 알고 다 만들어 내지만 실재하는 것은 아니다. 모든 차별과 평등을 다 아는 일체 지혜로 모든 법과 성품을 그와 같이 안다. 이와 같은 조건을 응당 다 갖춰야 비로소 훌륭한 선지식을 친견하게 된다고 주성신은 선재동자에게 가르치고 있다.

불자   보살마하살   약능여시정수심성
佛子야 菩薩摩訶薩이 若能如是淨修心城하면

즉능적집일체선법   하이고   견제일체제장
則能積集一切善法이니 何以故오 蠲除一切諸障

난고
難故니

"불자여, 보살마하살이 이와 같이 마음의 성을 깨끗이 닦으면 모든 착한 법을 능히 모을 것입니다. 왜냐하면 일체 모든 장애되는 일을 없애는 까닭입니다."

소위 견불장   문법장   공양여래장   섭제중
所謂見佛障과 **聞法障**과 **供養如來障**과 **攝諸衆**

생 장   정 불 국 토 장
生障과 **淨佛國土障**이니라

"이른바 부처님 보는 데 장애되고, 법을 듣는 데 장애되고, 여래께 공양하는 데 장애되고, 중생을 거두어 주는 데 장애되고, 국토를 깨끗이 하는 데 장애되는 것입니다."

이와 같이 마음의 성을 깨끗이 닦아서 일체 선한 법을 모으려면 또 일체 장애가 없어야 한다. 일체 장애가 없어서 부처님을 친견하게 되고, 법을 듣게 되고, 여래에게 공양하게 되고, 중생들을 섭수하게 되고, 불국토를 깨끗이 하게 된다. 이것은 간단한 설명이지만 모든 불보살들이 하고자 하는 일이다.

선 남 자   보 살 마 하 살   이 리 여 시 제 장 난 고
善男子야 **菩薩摩訶薩**이 **以離如是諸障難故**로

약 발 희 구 선 지 식 심　　불 용 공 력　　즉 변 득 견
若發希求善知識心이면 **不用功力**하고 **則便得見**하면

내 지 구 경　　필 당 성 불
乃至究竟에 **必當成佛**이니라

"선남자여, 보살마하살이 이와 같은 모든 장애를 여읜 연고로 만일 선지식을 찾으려는 마음을 내면 공력功力을 쓰지 않더라도 문득 만나게 되고, 내지 구경에는 반드시 성불成佛하게 됩니다."

부처님을 친견하고, 법을 듣고, 여래에게 공양하고, 중생들을 섭수하고, 불국토를 청정하게 하는 데 아무런 장애가 없다면 선지식을 찾는 데 아무런 힘을 쓰지 않더라도 쉽게 만나게 되며, 구경에는 반드시 성불하게 된다. 왜냐하면 그는 이미 선지식을 친견한 사람이며 성불한 사람이기 때문이다.

2〉 신중신身衆神이 법을 주다

이 시　　유 신 중 신　　명 연 화 법 덕　　급 묘 화 광
爾時에 **有身衆神**하니 **名蓮華法德**과 **及妙華光**

명　　무량제신　전후위요　　종도량출　　주
明이라 **無量諸神**이 **前後圍繞**하야 **從道場出**하야 **住**

허공중　　어선재전　이묘음성　　종종칭탄마
盧空中하야 **於善財前**에 **以妙音聲**으로 **種種稱歎摩**

야부인
耶夫人한대

　　그때에 신중신身衆神이 있으니 이름이 연화법덕蓮華法德
과 묘화광명妙華光明인데, 한량없는 신들이 앞뒤로 둘러
모시고 도량에서 나와 공중에 머물러 있으면서 선재동
자 앞에서 미묘한 음성으로 마야부인을 가지가지로 칭
찬하였습니다.

　　선재동자가 마야부인이라는 선지식을 친견하려 할 때 수
승한 인연들이 나타나서 선재동자를 인도하게 되는데, 먼저
주성신이 나타나서 마음의 성을 잘 다스리기를 가르쳤고, 이
제는 연화법덕蓮華法德과 묘화광명妙華光明이라는 신중신身衆神
이 나타나서 선재동자에게 법을 주는 내용이다.

종기이당　　　방무량색상광명망　　보조무
從其耳璫으로 放無量色相光明網하사 普照無

변제불세계　　　영선재　　견시방국토　　일체제
邊諸佛世界하야 令善財로 見十方國土의 一切諸

불　　기광명망　　우요세간　　경일잡이　　연후
佛하고 其光明網이 右繞世間하야 經一帀已한 然後

환래　　입선재정　　내지변입신제모공
還來하야 入善財頂하며 乃至徧入身諸毛孔이어늘

　　귀고리에서 한량없는 가지각색 광명 그물을 놓아서
그지없는 부처님의 세계를 널리 비추어 선재동자로 하
여금 시방국토의 일체 모든 부처님을 보게 하였습니다.
그 광명 그물이 세간을 오른쪽으로 돌아 한 번 지나고
는 다시 돌아와서 선재동자의 정수리에 들어갔으며, 내
지 몸에 있는 모든 모공에 두루 들어갔습니다.

　　마야부인을 칭찬하는 내용은 생략되었으나 귀고리에서
한량없는 가지각색 광명을 놓아서 그지없는 부처님의 세계
를 널리 비추고, 그리고는 그 광명을 통해서 선재동자에게
시방국토의 일체 모든 부처님을 보게 하였다. 그 광명은 세

상을 한 바퀴 돌고는 선재동자의 정수리에 들어갔고, 또 몸에 있는 모든 모공에 두루 들어갔다. 즉 신중신이 지닌 지혜의 광명이 모두 선재동자에게 전해졌다는 뜻이다. 한 가지 전법傳法의 의식이기도 하다.

선 재 　즉 득 정 광 명 안　　영 리 일 체 우 치 암 고
善財가 **卽得淨光明眼**하니 **永離一切愚癡闇故**며

득 이 예 안　　능 요 일 체 중 생 성 고　　득 이 구 안
得離翳眼하니 **能了一切衆生性故**며 **得離垢眼**하니

능 관 일 체 법 성 문 고
能觀一切法性門故며

선재동자는 곧바로 청정한 광명의 눈을 얻었으니 모든 어리석음의 어두움을 영원히 여읜 연고며, 가린 것을 떠난 눈을 얻었으니 일체 중생의 성품을 능히 잘 아는 연고며, 때를 떠난 눈을 얻었으니 일체 법성의 문을 능히 관찰하는 연고며,

득정혜안　　능관일체불국성고　　득비로자
得淨慧眼하니 能觀一切佛國性故며 得毘盧遮

나안　　견불법신고　　득보광명안　　견불평등
那眼하니 見佛法身故며 得普光明眼하니 見佛平等

부사의신고　　득무애광안　　관찰일체찰해성
不思議身故며 得無礙光眼하니 觀察一切刹海成

괴고
壞故며

청정한 지혜의 눈을 얻었으니 일체 불국토의 성품을
능히 관찰하는 연고며, 비로자나의 눈을 얻었으니 부처
님의 법신을 보는 연고며, 넓고 광명한 눈을 얻었으니
부처님의 평등하고 부사의한 몸을 보는 연고며, 걸림이
없고 빛나는 눈을 얻었으니 모든 세계해의 이뤄지고 무
너짐을 관찰하는 연고며,

득보조안　　견시방불　　기대방편　　전정법
得普照眼하니 見十方佛이 起大方便하사 轉正法

륜고　　득보경계안　　견무량불　　이자재력
輪故며 得普境界眼하니 見無量佛이 以自在力으로

조복 중생 고　　득 보 견 안　　도 일 체 찰 제 불 출 흥
調伏衆生故며 得普見眼하니 覩一切刹諸佛出興

고
故니라

　널리 비추는 눈을 얻었으니 시방의 부처님이 큰 방
편을 일으키어 바른 법륜 굴림을 보는 연고며, 넓은 경
계의 눈을 얻었으니 한량없는 부처님이 자유자재한 힘
으로 중생 조복함을 보는 연고며, 두루 보는 눈을 얻었
으니 일체 세계에 모든 부처님들이 출현하심을 보는 연
고입니다.

　선재동자는 신중신의 귀고리에서 놓은 광명을 온몸으로
받고는 청정한 광명의 눈과 가린 것을 떠난 눈과 때를 떠난
눈과 청정한 지혜의 눈을 얻었다. 나아가서 두루 보는 눈을
얻어 일체 세계에 모든 부처님들이 출현하심을 보게 되었으
니 마야부인 선지식을 친견하기에는 아무런 장애가 없게 되
었다.

3〉 나찰귀왕羅刹鬼王이 가르쳐 보이다

時에 有守護菩薩法堂羅刹鬼王하니 名曰善眼
이라 與其眷屬萬羅刹로 俱하야 於虛空中에 以衆妙
華로 散善財上하고 作如是言호대

이때에 보살의 법당을 수호하는 나찰귀왕이 있으니
이름이 선안善眼인데, 일만 나찰 권속들과 함께 허공에
서 여러 가지 묘한 꽃을 선재동자 위에 흩고 이와 같이
말하였습니다.

선재동자가 마야부인이라는 선지식을 친견하려 할 때 수
승한 인연들이 나타나서 선재동자를 인도하게 되는데, 먼저
주성신이 나타나서 마음의 성을 잘 다스리기를 가르쳤고,
다음으로 신중신이 나타나서 귀고리에서 광명을 놓아 그 광
명이 선재동자의 정수리와 모공으로 들어와서 선지식을 친
견하는 데 장애가 없는 갖가지 눈을 얻게 되었다. 그러고는
다시 나찰귀왕羅刹鬼王이 나타나서 가르침을 보인다.

선남자 보살 성취십법 즉득친근제선
善男子야 菩薩이 成就十法하면 則得親近諸善

지식 하등 위십 소위기심청정 이제
知識하나니 何等이 爲十고 所謂其心淸淨하야 離諸

첨광 대비평등 보섭중생
諂誑하며 大悲平等하야 普攝衆生하며

"선남자여, 보살이 열 가지 법을 성취하면 모든 선지
식을 친근하게 되나니, 무엇이 열입니까. 이른바 마음
이 청정하여 아첨하고 속임을 여의며, 가엾이 여김이
평등하여 중생을 널리 포섭하며,

지제중생 무유진실 취일체지 심불퇴
知諸衆生이 無有眞實하며 趣一切智하야 心不退

전 이신해력 보입일체제불도량 득정
轉하며 以信解力으로 普入一切諸佛道場하며 得淨

혜안 요제법성
慧眼하야 了諸法性하며

모든 중생이 진실함이 없음을 알며, 일체 지혜에 나
아가서 마음이 물러나지 않으며, 믿고 이해하는 힘으로

일체 모든 부처님의 도량에 널리 들어가며, 청정한 지
혜의 눈을 얻어 모든 법의 성품을 알며,

대 자 평 등　　보 부 중 생　　이 지 광 명　　확 제
大慈平等하야 普覆衆生하며 以智光明으로 廓諸

망 경　　이 감 로 우　　척 생 사 열　　이 광 대 안
妄境하며 以甘露雨로 滌生死熱하며 以廣大眼으로

철 감 제 법　　심 상 수 순 제 선 지 식　　시 위 십
徹鑒諸法하야 心常隨順諸善知識이 是爲十이니라

크게 인자함이 평등하여 중생을 두루 덮어 주며, 지
혜의 광명으로 모든 허망한 경계를 훤칠하게 하며, 감
로의 법비로 생사의 뜨거움을 씻으며, 광대한 눈으로
모든 법을 철저하게 살피며, 마음이 항상 모든 선지식
을 따르나니, 이것이 열입니다."

나찰귀왕이 선재동자에게 말하기를 열 가지 법을 성취하
면 선지식을 친견할 수 있다고 하여 그 열 가지 법을 설하였
다. 마음이 청정하여 아첨하고 속임을 여의며, 가엾이 여김

이 평등하여 중생을 널리 포섭하는 것 등이다.

復次佛子야 菩薩이 成就十種三昧門하면 則常

現見諸善知識하나니 何等이 爲十고

"또 불자여, 보살이 열 가지 삼매의 문을 성취하면 항상 모든 선지식을 친견하게 되나니, 무엇이 열입니까."

所謂法空清淨輪三昧와 觀察十方海三昧와 於

一切境界에 不捨離不缺減三昧와 普見一切佛出

興三昧와 集一切功德藏三昧와

"이른바 법이 공空한 청정한 바퀴 삼매와, 시방 바다를 관찰하는 삼매와, 모든 경계에 버리지도 않고 모자라지도 않는 삼매와, 모든 부처님의 출현을 두루 보는

삼매와, 모든 공덕장을 모으는 삼매와,

심항불사선지식삼매　　상견일체선지식　　생
心恒不捨善知識三昧와 **常見一切善知識**이 **生**

제불공덕삼매　　상불이일체선지식삼매　　상공
諸佛功德三昧와 **常不離一切善知識三昧**와 **常供**

양일체선지식삼매　　상어일체선지식소　　무과
養一切善知識三昧와 **常於一切善知識所**에 **無過**

실삼매
失三昧니라

마음으로 항상 선지식을 버리지 않는 삼매와, 모든
선지식이 모든 부처님의 공덕을 내는 것을 항상 보는
삼매와, 모든 선지식을 항상 여의지 않는 삼매와, 모든
선지식을 항상 공양하는 삼매와, 모든 선지식 계신 데
서 항상 과실이 없는 삼매입니다."

불자　　보살　　성취차십삼매문　　상득친근
佛子야 **菩薩**이 **成就此十三昧門**하면 **常得親近**

제 선 지 식　　우 득 선 지 식　　전 일 체 불 법 륜 삼 매
諸善知識하며 又得善知識의 轉一切佛法輪三昧

　　득 차 삼 매 이　　실 지 제 불 체 성 평 등　　처
하나니 得此三昧已하야는 悉知諸佛體性平等하야 處

처 치 우 제 선 지 식
處值遇諸善知識이니라

"불자여, 보살이 이 열 가지 삼매의 문을 성취하면 모든 선지식을 항상 친근하게 되고, 선지식이 여러 부처님의 법륜을 굴리는 삼매를 얻을 것이며, 이 삼매를 얻고는 모든 부처님의 체성이 평등함을 다 알고, 가는 곳마다 모든 선지식을 만나게 됩니다."

나찰귀왕은 열 가지 법을 성취하여 선지식을 친견하는 것을 밝히고, 또 열 가지 삼매를 성취하여 선지식을 친견하는 것을 밝혔다. 법이 공空한 청정한 바퀴 삼매와 시방 바다를 관찰하는 삼매와 모든 경계에 버리지도 않고 모자라지도 않는 삼매 등이다.

설 시 어 시　　선 재 동 자　　앙 시 공 중　　　이 답 지
說是語時에 善財童子가 仰視空中하고 而答之

언　　　선 재 선 재　　여 위 애 민 섭 수 아 고　　방 편 교
言호대 善哉善哉라 汝爲哀愍攝受我故로 方便教

아 견 선 지 식　　　원 위 아 설
我見善知識하니 願爲我說하소서

이 말을 마쳤을 때 선재동자는 공중을 우러러보면서
대답하였습니다. "훌륭하고 훌륭하십니다. 그대는 저를
애민하게 여기고 거두어 주기 위하여 방편으로 저에게
선지식을 친견하도록 가르치나니, 바라옵건대 저를 위
하여 설해 주십시오."

운 하 왕 예 선 지 식 소　　어 하 방 처 성 읍 취 락　　구
云何往詣善知識所며 於何方處城邑聚落에 求

선 지 식　　나 찰　　답 언　　　선 남 자　　여 응 보 례 시
善知識고 羅刹이 答言호대 善男子야 汝應普禮十

방　　구 선 지 식
方하야 求善知識하며

"어떻게 선지식 계신 곳에 가며, 어느 지방의 성읍이

나 마을에서 선지식을 구하겠습니까?" 나찰이 말하였습니다. "선남자여, 그대는 마땅히 시방에 두루 예배하여 선지식을 구하고,

정념 사유 일 체 경 계　　구 선 지 식　　용 맹 자
正念思惟一切境界하야 **求善知識**하며 **勇猛自**

재 변 유 시 방　　구 선 지 식　　관 신 관 심 이　여 몽 여
在徧遊十方하야 **求善知識**하며 **觀身觀心**이 **如夢如**

영　　구 선 지 식
影하야 **求善知識**이어다

　모든 경계를 바른 생각으로 생각하여 선지식을 구하고, 용맹하고 자재하게 시방에 두루 노닐면서 선지식을 구하고, 몸과 마음이 꿈 같고 그림자 같은 줄을 관찰하여 선지식을 구하십시오."

　선재동자는 나찰귀왕에게 선지식이 계시는 장소와 성읍과 마을을 물었다. 그러자 나찰귀왕은 어떤 특정한 장소를 문제로 생각하지 말고 시방에 두루 예배하여 선지식을 구하

고, 모든 경계를 바른 생각으로 생각하여 선지식을 구하고, 용맹하고 자재하게 시방에 두루 노닐면서 선지식을 구하고, 몸과 마음이 꿈 같고 그림자 같은 줄을 관찰하여 선지식을 구하라고 하였다. 역시 선지식은 어떤 장소에서 찾는 것이 아니라 찾는 사람의 마음 자세에서 구하는 것임을 밝혔다.

2) 공경을 보이고 법을 묻다

(1) 마야부인 선지식의 의보依報를 밝히다

이시　선재　수행기교　　즉시도견대보련
爾時에 善財가 受行其敎하야 卽時覩見大寶蓮

화　종지용출　　금강위경　　묘보위장　　마
華가 從地涌出하니 金剛爲莖하고 妙寶爲藏하고 摩

니위엽　광명보왕　　이위기대　　중보색향
尼爲葉하고 光明寶王으로 以爲其臺하고 衆寶色香

이위기수　무수보망　　미부기상
으로 以爲其鬚하고 無數寶網으로 彌覆其上이러라

　그때에 선재동자가 그의 가르침을 받아 행하면서 즉

시에 큰 보배 연꽃이 땅에서 솟아나는 것을 보니, 금강으로 줄기가 되고, 묘한 보배로 연밥송이가 되고, 마니로 잎이 되고, 빛나는 보배 왕으로 꽃판이 되고, 여러 가지 보배 빛 향으로 꽃술이 되었으며, 무수한 보배 그물이 위에 가득히 덮이었습니다.

어기대상 유일누관 명보납시방법계장
於其臺上에 有一樓觀하니 名普納十方法界藏

기묘엄식 금강위지 천주항렬 일체
이니 奇妙嚴節하야 金剛爲地하고 千柱行列하며 一切

개이마니보성 염부단금 이위기벽 중
皆以摩尼寶成이요 閻浮檀金으로 以爲其壁하며 衆

보영락 사면수하 계폐난순 주잡장엄
寶瓔珞이 四面垂下하고 階陛欄楯이 周帀莊嚴이러라

그 꽃판 위에는 한 누각이 있으니 이름이 '시방 법계를 널리 용납하는 창고'였습니다. 기묘하게 장식하였는데 금강으로 땅이 되고, 일천 기둥이 열을 지었으며, 모든 것이 다 마니보배로 이루었고, 염부단금으로 벽이 되고, 보배 영락이 사방에 드리웠으며, 층대와 섬돌과

난간들이 두루 장엄하였습니다.

기 누 관 중　유 여 의 보 련 화 지 좌　　종 종 중 보
其樓觀中에 有如意寶蓮華之座하니 種種衆寶

이 위 엄 식　　묘 보 난 순　보 의 간 열　　보 장 보
로 以爲嚴飾하며 妙寶欄楯에 寶衣間列하며 寶帳寶

망　　이 부 기 상　　중 보 회 번　　주 잡 수 하　　미
網으로 以覆其上하며 衆寶繪幡을 周帀垂下하며 微

풍 서 동　　광 류 향 발
風徐動에 光流響發하며

　　그 누각 안에는 여의주로 된 연꽃 자리가 있으니 갖
가지 보배로 훌륭하게 꾸미고, 보배 난간과 보배 옷이
사이사이 벌여 있으며, 보배 휘장과 보배 그물이 위에
덮이고, 보배 깃발이 두루 드리워서 실바람만 불어도
빛이 흐르고 소리가 났습니다.

보 화 당 중　　우 중 묘 화　　보 령 탁 중　　출 미 음
寶華幢中에 雨衆妙華하며 寶鈴鐸中에 出美音

성   보호유간   수제영락   마니신중   유출
聲하며 寶戶牖間에 垂諸瓔珞하며 摩尼身中에 流出

향수
香水하며

보배 꽃 당기에서는 여러 가지 기묘한 꽃을 비 내리
고, 보배 풍경에서는 아름다운 음성을 내고, 보배 창호
에서는 영락을 드리우고, 마니 속에서는 향수가 흘러나
오고,

보상구중   출연화망   보사자구   토묘향
寶象口中에 出蓮華網하며 寶獅子口에 吐妙香

운   범형보륜   출수낙음   금강보령   출제
雲하며 梵形寶輪이 出隨樂音하며 金剛寶鈴이 出諸

보살대원지음
菩薩大願之音하며

보배 코끼리 입에서는 연꽃 그물이 나오고, 보배 사
자 입에서는 향기 구름을 토하고, 범천 형상의 보배 바
퀴에서는 즐거움을 따르는 음성을 내고, 금강으로 된
방울에서는 여러 보살의 큰 서원의 소리를 내었습니다.

보월당중　　출불화형　　정장보왕　　현삼세
寶月幢中에　出佛化形하며　淨藏寶王이　現三世

불수생차제　　일장마니　　방대광명　　변조시
佛受生次第하며　日藏摩尼가　放大光明하야　偏照十

방일체불찰　　마니보왕　　방일체불원만광명
方一切佛刹하며　摩尼寶王이　放一切佛圓滿光明

하며

보배 달 당기에서는 부처님을 나타낸 몸의 형상을
내고, 정장보왕淨藏寶王은 세 세상 부처님이 출현하시는
차례를 나타내고, 일장마니日藏摩尼는 큰 광명을 놓아 시
방의 부처님 세계를 두루 비추고, 마니보배왕은 모든
부처님의 원만한 광명을 놓았습니다.

비로자나마니보왕　　홍공양운　　공양일체
毘盧遮那摩尼寶王이　興供養雲하야　供養一切

제불여래　　여의주왕　　염념시현보현신변
諸佛如來하며　如意珠王이　念念示現普賢神變하야

충만법계　　수미보왕　　출천궁전　　천제채녀
充滿法界하며　須彌寶王이　出天宮殿하며　天諸婇女

의 **種種妙音**하야 **歌讚如來不可思議微妙功德**이러라
종 종 묘 음　　가 찬 여 래 불 가 사 의 미 묘 공 덕

비로자나 마니보배는 공양 구름을 일으키어 일체 모든 부처님 여래에게 공양하고, 여의주에서는 잠깐잠깐 동안에 보현보살의 신통변화를 나타내어 법계에 가득하고, 수미 보배에서는 하늘 궁전을 나타내었으며, 하늘의 채녀들은 갖가지 묘한 음성으로 여래의 불가사의하고 미묘한 공덕을 노래하였습니다.

이상이 마야부인 선지식의 의보依報를 밝힌 것이다. 의보依報란 마야부인의 몸과 마음에 따라 존재하는 국토와 가옥과 의복과 식물 등이다. 그와 같은 것은 모두 그 사람의 공덕의 과보에 따른 것이다.

(2) 마야부인 선지식의 정보正報를 밝히다

1〉마야부인 선지식의 신상身相을 밝히다

爾時에 **善財**가 **見如是座**에 **復有無量衆座**가 **圍**
이 시　선 재　견 여 시 좌　부 유 무 량 중 좌　위

요　　마야부인　　재피좌상　　어일체중생전
繞어든 **摩耶夫人**이 **在彼座上**하사 **於一切衆生前**에

현정색신
現淨色身하니

　　그때에 선재동자가 이와 같은 자리를 보니 다시 한
량없는 자리들이 둘러쌌으며, 마야부인은 그 자리에 앉
아 여러 중생들 앞에서 청정한 육신을 나타내었습니다.

　　소위초삼계색신　　이출일체제유취고　　수
所謂超三界色身이니 **已出一切諸有趣故**며 **隨**

심락색신　　어일체세간　　무소착고　　보주변색
心樂色身이니 **於一切世間**에 **無所着故**며 **普周徧色**

신　　등어일체중생수고
身이니 **等於一切衆生數故**며

　　이른바 삼계를 초월한 육신이니 일체 모든 존재의
길에서 이미 뛰어난 연고며, 마음에 좋아함을 따르는
육신이니 모든 세간에 집착이 없는 연고며, 널리 두루
하는 육신이니 모든 중생의 수효와 같은 연고입니다.

무 등 비 색 신　　영 일 체 중 생　　　멸 도 견 고　　무
無等比色身이니 令一切衆生으로 滅倒見故며 無

량 종 색 신　　수 중 생 심　　　종 종 현 고　　무 변 상 색
量種色身이니 隨衆生心하야 種種現故며 無邊相色

신　　보 현 종 종 제 형 상 고
身이니 普現種種諸形相故며

　　견줄 데 없는 육신이니 모든 중생의 뒤바뀐 소견을
없애는 연고며, 종류가 한량없는 육신이니 중생의 마음
을 따라 갖가지로 나타내는 연고며, 그지없는 모습의
육신이니 갖가지 형상을 두루 나타내는 연고입니다.

보 대 현 색 신　　이 대 자 재　　이 시 현 고　　화 일
普對現色身이니 以大自在로 而示現故며 化一

체 색 신　　수 기 소 응　　이 현 전 고　　항 시 현 색 신
切色身이니 隨其所應하야 而現前故며 恒示現色身

　　진 중 생 계　　이 무 진 고
이니 盡衆生界호대 而無盡故며

　　널리 상대하여 나타내는 육신이니 크게 자재하게 나
타내어 보이는 연고며, 온갖 것을 교화하는 육신이니

마땅함을 따라 앞에 나타나는 연고며, 항상 나타내 보이는 육신이니 중생계를 다하면서도 다함이 없는 연고입니다.

무거색신　　어일체취　무소멸고　무래색
無去色身이니 於一切趣에 無所滅故며 無來色

신　　어제세간　무소출고　불생색신　　무생
身이니 於諸世間에 無所出故며 不生色身이니 無生

기고　불멸색신　　이어언고
起故며 不滅色身이니 離語言故며

감이 없는 육신이니 모든 길에서 멸함이 없는 연고며, 옴이 없는 육신이니 모든 세간에서 나는 일이 없는 연고며, 나지 않는 육신이니 생기는 일이 없는 연고며, 멸하지 않는 육신이니 말을 여읜 연고입니다.

비실색신　　득여실고　비허색신　　수세현
非實色身이니 得如實故며 非虛色身이니 隨世現

고　무동색신　　생멸영리고　불괴색신　　법
故며 無動色身이니 生滅永離故며 不壞色身이니 法

성불괴고
性不壞故며

　참되지 않은 육신이니 실제와 같음을 얻은 연고며, 헛되지 않은 육신이니 세상을 따라 나타나는 연고며, 흔들림이 없는 육신이니 나고 없어짐을 길이 여읜 연고며, 파괴하지 않는 육신이니 법의 성품은 무너지지 않는 연고입니다.

　무상색신　　언어도단고　　일상색신　　무상
無相色身이니 言語道斷故며 一相色身이니 無相

위상고　　여상색신　　수심응현고
爲相故며 如像色身이니 隨心應現故며

　형상이 없는 육신이니 말할 길이 끊어진 연고며, 한 모양인 육신이니 모양 없음으로 모양을 삼는 연고며, 영상과 같은 육신이니 마음을 따라 나타내는 연고입니다.

여환색신　　환지소생고　　여염색신　　단상
如幻色身이니 **幻智所生故**며 **如焰色身**이니 **但想**

소지고　　여영색신　　수원현생고　　여몽색신
所持故며 **如影色身**이니 **隨願現生故**며 **如夢色身**이니

수심이현고
隨心而現故며

　　환술과 같은 육신이니 환술과 같은 지혜로 내는 연
고며, 불꽃과 같은 육신이니 다만 생각만으로 유지되는
연고며, 그림자 같은 육신이니 소원을 따라 생기는 연
고며, 꿈과 같은 육신이니 마음을 따라서 나타내는 연
고입니다.

법계색신　　성정여공고　　대비색신　　상호
法界色身이니 **性淨如空故**며 **大悲色身**이니 **常護**

중생고　　무애색신　　염념주변법계고　　무변색
衆生故며 **無礙色身**이니 **念念周徧法界故**며 **無邊色**

신　　보정일체중생고
身이니 **普淨一切衆生故**며

　　법계法界인 육신이니 성품이 깨끗하기 허공과 같은 연

고며, 크게 가엾이 여기는 육신이니 중생을 항상 구호하는 연고며, 걸림이 없는 육신이니 잠깐잠깐 동안에 법계에 두루 하는 연고며, 그지없는 육신이니 모든 중생을 두루 깨끗이 하는 연고입니다.

무 량 색 신   초 출 일 체 어 언 고   무 주 색 신
無量色身이니 超出一切語言故며 無住色身이니

원 도 일 체 세 간 고   무 처 색 신   항 화 중 생 부 단
願度一切世間故며 無處色身이니 恒化衆生不斷

고   무 생 색 신   환 원 소 성 고
故며 無生色身이니 幻願所成故며

　한량없는 육신이니 모든 말에서 초출한 연고며, 머무는 데가 없는 육신이니 일체 세간을 제도하기를 원하는 연고며, 처소가 없는 육신이니 중생을 항상 교화하여 끊이지 않는 연고며, 남[生]이 없는 육신이니 환술과 원願으로 이루는 연고입니다.

무승색신　　초제세간고　　여실색신　　정심
無勝色身이니 超諸世間故며 如實色身이니 定心

소현고　　불생색신　　수중생업　　이출현고
所現故며 不生色身이니 隨衆生業하야 而出現故며

여의주색신　　보만일체중생원고
如意珠色身이니 普滿一切衆生願故며

이길 이 없는 육신이니 모든 세간을 초월한 연고며,
실제와 같은 육신이니 선정의 마음으로 나타난 연고며,
나지 않는 육신이니 중생의 업을 따라 나타나는 연고
며, 여의주 같은 육신이니 모든 중생의 소원을 만족하
게 하는 연고입니다.

무분별색신　　단수중생분별기고　　이분별
無分別色身이니 但隨衆生分別起故며 離分別

색신　　일체중생　　불능지고　　무진색신　　진
色身이니 一切衆生이 不能知故며 無盡色身이니 盡

제중생　　생사제고　　청정색신　　동어여래
諸衆生의 生死際故며 淸淨色身이니 同於如來하야

무 분 별 고
無分別故라

　분별이 없는 육신이니 중생들의 분별을 따라 일어나
는 연고며, 분별을 여읜 육신이니 일체 중생들이 알지
못하는 연고며, 다함이 없는 육신이니 모든 중생의 생
사의 경계를 다하는 연고며, 청정한 육신이니 여래와
같아서 분별이 없는 연고입니다.

　마야부인 선지식의 정보正報를 밝히는 중에 먼저 신상身相
을 밝히는 내용이다. 정보란 과거에 지은 업인業因으로 받게
되는 과보인데 부처님이나 보살이나 중생들의 몸에 딸린 모
든 현상이다. 마야부인 선지식은 여러 가지 육신이 있음을
낱낱이 밝혔다.

여 시 신 자　　비 색　　　소 유 색 상　　여 영 상 고　　비
如是身者는 **非色**이니 **所有色相**이 **如影像故**며 **非**

수　　세 간 고 수　　구 경 멸 고　　비 상　　단 수 중 생
受니 **世間苦受**가 **究竟滅故**며 **非想**이니 **但隨衆生**의

상 소 현 고
想所現故며

이러한 몸은 물질이 아니니 있는 바 빛깔이 영상과 같은 연고며, 느낌이 아니니 세간의 괴로운 느낌이 필경에 없어지는 연고며, 생각함이 아니니 다만 중생의 생각을 따라 나타난 연고며,

비 행　　의 여 환 업　　이 성 취 고　　이 식　　보
非行이니 **依如幻業**하야 **而成就故**며 **離識**이니 **菩**

살 원 지　　공 무 성 고　　일 체 중 생　　어 언 단 고　　이
薩願智가 **空無性故**며 **一切衆生**의 **語言斷故**며 **已**

득 성 취 적 멸 신 고
得成就寂滅身故니라

지어감[行]이 아니니 환술과 같은 업으로 성취한 연고며, 의식을 여의었으니 보살의 원願과 지혜가 공空하여 성품이 없는 연고며, 모든 중생의 말이 끊어진 연고며, 적멸한 몸을 이미 성취한 연고입니다.

위에서 밝힌 여러 가지의 몸은 실은 물질도 아니고 느낌

도 아니고 생각도 아니고 지어 감도 아니고 의식도 아니다.
보살의 원과 지혜가 공하여 성품이 없는 까닭이다. 성품이
없으면서 위와 같은 온갖 몸을 나타낸다.

이 시　선 재 동 자　우 견 마 야 부 인　수 제 중 생
爾時에 善財童子가 又見摩耶夫人이 隨諸衆生

심 지 소 락　　현 초 과 일 체 세 간 색 신　　소 위 혹
心之所樂하사 現超過一切世間色身하니 所謂或

현 초 과 타 화 자 재 천 녀 신　　내 지 초 과 사 대 천 왕
現超過他化自在天女身과 乃至超過四大天王

천 녀 신　　혹 현 초 과 용 녀 신　　내 지 초 과 인 녀 신
天女身하며 或現超過龍女身과 乃至超過人女身
이라

그때에 선재동자가 또 보니 마야부인이 모든 중생들
의 마음에 즐김을 따라 모든 세간보다 더 나은 육신을
나타내었는데, 이른바 혹은 타화자재천보다 더 나은 하
늘여자의 몸을 나타내기도 하고, 내지 사천왕보다 더
나은 하늘여자의 몸을 나타내기도 하며, 혹은 용녀보다
더 나은 여자의 몸과 내지 사람의 여자보다 더 나은 여

자의 몸을 나타내기도 하였습니다.

마야부인 선지식이 참으로 아름답기 그지없는 몸을 나타내고 있는 것을 선재동자가 보았다. 혹은 타화자재천보다 더 나은 하늘여자의 몸을 나타내기도 하고, 내지 사천왕보다 더 나은 하늘여자의 몸을 나타내기도 하며, 혹은 용녀보다 더 나은 여자의 몸 등을 나타내었다. 이것이 마야부인의 신상이다.

2〉마야부인 선지식의 신업身業을 밝히다

현 여 시 등 무 량 색 신　　요 익 중 생　　집 일 체
現如是等無量色身하사 饒益衆生하야 集一切

지 조 도 지 법　　행 어 평 등 단 바 라 밀　　대 비 보 부
智助道之法하며 行於平等檀波羅蜜하야 大悲普覆

일 체 세 간
一切世間하며

이와 같은 한량없는 육신을 나타내어 중생들을 요익하게 하고, 일체 지혜와 도를 돕는 법을 모았으며, 평등

한 보시바라밀다를 행하여 크게 가엾이 여기는 마음으로 모든 세간을 두루 덮어 주었습니다.

출생여래무량공덕　　수습증장일체지심
出生如來無量功德하며 修習增長一切智心하며

관찰사유제법실성　　획심인해　　구중정문
觀察思惟諸法實性하야 獲深忍海하며 具衆定門하야

주어평등삼매경계
住於平等三昧境界하며

여래의 한량없는 공덕을 내며, 일체 지혜의 마음을 닦아 증장케 하고, 모든 법의 참된 성품을 살펴보고 생각하여 깊이 참는 바다를 얻으며, 여러 선정의 문을 갖추고 평등한 삼매의 경계에 머물렀습니다.

득여래정　　원만광명　　소갈중생번뇌거
得如來定하야 圓滿光明으로 消竭衆生煩惱巨

해　　심상정정　　미상동란　　항전청정불퇴
海하며 心常正定하야 未嘗動亂하며 恒轉淸淨不退

법륜　　선능요지일체불법　　항이지혜　　관
法輪하야 **善能了知一切佛法**하며 **恒以智慧**로 **觀**

법실상
法實相하며

　　여래의 선정을 얻고, 원만한 광명으로 중생들의 큰
번뇌 바다를 녹여 말리고, 마음이 항상 바르게 안정하
여 어지럽게 흔들리지 않으며, 청정하고 물러나지 않는
법륜을 항상 굴리어 모든 부처님의 법을 잘 알고, 항상
지혜로 법의 진실한 모양을 관찰하였습니다.

　　견제여래　　심무염족　　지삼세불출흥차
見諸如來호대 **心無厭足**하며 **知三世佛出興次**

제　　견불삼매　　상현재전　　요달여래출현어
第하며 **見佛三昧**가 **常現在前**하며 **了達如來出現於**

세　　무량무수제청정도
世하는 **無量無數諸淸淨道**하며

　　모든 여래를 뵈옵되 싫어하는 마음이 없고, 세 세상
부처님이 출현하시는 차례를 알며, 부처님의 삼매가 항
상 앞에 나타남을 보고, 여래께서 세상에 출현하시는

데 한량없고 수없는 모든 청정한 길을 통달하였습니다.

행 어 제 불 허 공 경 계 　　 보 섭 중 생 　　　 각 수 기
行於諸佛虛空境界하며 **普攝衆生**하야 **各隨其**

심 　　 교 화 성 취 　　 입 불 무 량 청 정 법 신 　　 성 취
心하야 **教化成就**하야 **入佛無量清淨法身**하며 **成就**

대 원 　　 정 제 불 찰 　　 구 경 조 복 일 체 중 생
大願하야 **淨諸佛刹**하야 **究竟調伏一切衆生**하며

모든 부처님의 허공 같은 경계를 행하여 널리 중생
을 거두어 주되 각각 그 마음을 따라서 교화하고 성취
하여 부처님의 한량없이 청정한 법신에 들어가게 하며,
큰 서원을 성취하고 부처님의 세계를 깨끗이 하여 끝까
지 일체 중생을 조복합니다.

심 항 변 입 제 불 경 계 　　 출 생 보 살 자 재 신 력
心恒徧入諸佛境界호대 **出生菩薩自在神力**하며

이 득 법 신 청 정 무 염 　　 이 항 시 현 무 량 색 신 　 최
已得法身清淨無染호대 **而恒示現無量色身**하며 **摧**

일체마력   성대선근력   출생정법력   구
一切魔力_{하야} 成大善根力_{하며} 出生正法力_{하야} 具

족제불력   득제보살자재지력   속질증장
足諸佛力_{하며} 得諸菩薩自在之力_{하야} 速疾增長

일체지력
一切智力_{하며}

마음은 모든 부처님의 경계에 항상 두루 들어가 보살의 자유자재한 신통의 힘을 내며, 깨끗하고 물들지 않는 법신을 얻었으면서도 한량없는 육신을 항상 나타내며, 모든 마魔를 굴복시키는 힘과 크게 착한 뿌리를 이루는 힘과 바른 법을 내는 힘과 모든 부처님의 힘을 갖추고 모든 보살의 자재한 힘을 얻어서 일체 지혜의 힘을 빨리 증장케 하였습니다.

득불지광   보조일체   실지무량중생심
得佛智光_{하야} 普照一切_{하야} 悉知無量衆生心

해   근성욕해   종종차별   기신   보변시방
海_와 根性欲解_의 種種差別_{하며} 其身_이 普徧十方

刹海_{하야} 悉知諸刹成壞之相_{하며} 以廣大眼_{으로} 見

十方海_{하며} 以周徧智_로 知三世海_{하며} 身普承事

一切佛海_{하며} 心恒納受一切法海_{하며}

부처님의 지혜 광명을 얻어 모든 것을 널리 비추어 한량없는 중생의 마음 바다와 근성과 욕망과 지혜가 갖가지로 차별함을 다 알며, 그 몸은 시방세계 바다에 두루 널리어 여러 세계의 이루어지고 파괴되는 모양을 다 알며, 광대한 눈으로 시방 바다를 보고 두루 한 지혜로 세 세상 바다를 알며, 몸은 모든 부처님 바다를 두루 받들어 섬기고 마음은 항상 모든 법의 바다를 받아들입니다.

修習一切如來功德_{하며} 出生一切菩薩智慧_{하며}

常樂觀察一切菩薩_의 從初發心_{으로} 乃至成就所

행지도　상근수호일체중생　상락칭양제
行之道하며 常勤守護一切衆生하며 常樂稱揚諸

불공덕　원위일체보살지모
佛功德하며 願爲一切菩薩之母러라

모든 여래의 공덕을 닦아 익히고, 모든 보살의 지혜
를 내며, 모든 보살이 처음 마음을 냈을 때부터 내지 행
하는 도를 이루는 것을 항상 즐겨 관찰하며, 모든 중생
을 항상 부지런히 수호하고, 모든 부처님의 공덕을 항
상 찬탄하기를 좋아하며, 모든 보살의 어머니가 되기를
원하였습니다.

마야부인 선지식의 정보正報를 밝히는 내용 중에 먼저 마
야부인의 신상身相을 밝히고, 다음으로 마야부인의 신업身業
을 길게 밝혔다. 이와 같이 마야부인 선지식의 공덕과 덕화
가 뛰어나다는 것을 알게 하였다. 선재동자는 마야부인의
이와 같은 덕화를 알고 나서 비로소 공경을 베풀고 법을 묻
게 된다.

3) 공경을 베풀고 법을 묻다

이시 선재동자 견마야부인 현여시등염
爾時에 **善財童子**가 **見摩耶夫人**의 **現如是等閻**

부제미진수제방편문 기견시이 여마야부
浮提微塵數諸方便門하고 **旣見是已**에 **如摩耶夫**

인 소현신수 선재 역현작이허신 어일
人의 **所現身數**하야 **善財**도 **亦現作爾許身**하야 **於一**

체처마야지전 공경예배 즉시증득무량무
切處摩耶之前에 **恭敬禮拜**하고 **卽時證得無量無**

수제삼매문 분별관찰 수행증입 종삼
數諸三昧門하야 **分別觀察**하며 **修行證入**하고 **從三**

매기 우요마야 병기권속 합장이립
昧起하야 **右繞摩耶**와 **幷其眷屬**하고 **合掌而立**하야

백언
白言호대

그때에 선재동자는 마야부인이 이와 같이 염부제의
미진수와 같은 여러 가지 방편의 문을 나타내는 것을
보았습니다. 이미 이러한 것을 보고는 마야부인이 나타
내는 몸의 수효와 같이 선재동자도 또한 그러한 몸을

나타내어 모든 곳[一切處] 마야부인의 앞에서 공경하여 예배하고, 즉시에 한량없고 수없는 모든 삼매의 문을 증득하여 분별하고 관찰하며 행을 닦아 증득하여 들어갔고, 삼매에서 일어나서는 마야부인과 그의 권속들을 오른쪽으로 돌고 합장하고 서서 말하였습니다.

"마야부인이 나타내는 몸의 수효와 같이 선재동자도 또한 그러한 몸을 나타내어 모든 곳[一切處] 마야부인의 앞에서 공경하여 예배하였다."라고 하였다. 화엄경 제9 광명각품 光明覺品에도 "일체처一切處 문수사리보살이 각각 부처님의 처소에서 동시에 소리를 내어 게송을 설하였다."고 하는 내용이 있다. 천지만물 삼라만상은 천지만물 삼라만상과 함께 공간을 같이하고 시간을 같이한다는 뜻이다. 마야부인도 선재동자도 역시 그와 같이 천지만물 삼라만상이며 모두가 같은 뿌리이며 모두가 한 몸이다. 이와 같이 동일한 한 성품에서 각각 차별한 현상을 나타내 보인다. 한량없고 수없는 모든 삼매의 문을 증득하여 분별하고 관찰하며 행을 닦아 증득하여 들어가는 일도 역시 그와 같다. 이 얼마나 신기하고 위대한 이치인가.

대성 문수사리보살 교아발아뇩다라삼
大聖하 文殊師利菩薩이 教我發阿耨多羅三

막삼보리심 구선지식 친근공양 아어
藐三菩提心하고 求善知識하야 親近供養이실새 我於

일일선지식소 개왕승사 무공과자 점래
一一善知識所에 皆往承事하야 無空過者하고 漸來

지차 원위아설 보살 운하학보살행
至此로소니 願爲我說하소서 菩薩이 云何學菩薩行하야

이득성취
而得成就리잇고

"큰 성인이시여, 문수사리보살께서 저로 하여금 아
뇩다라삼먁삼보리심을 내게 하고, 선지식을 찾아가서
친근하고 공양하라 하였습니다. 그래서 저는 낱낱 선지
식 계신 곳에 가서 모두 받들어 섬기고 그냥 지나치지
아니하였으며 점점 와서 이곳까지 이르렀습니다. 바라
옵건대 저를 위하여 보살이 어떻게 보살의 행行을 배워
서 성취하는지를 말씀하여 주십시오."

선재동자가 찾아가는 53선지식 중에 문수사리보살이
가장 제일의 선지식이었다. 선재동자가 그를 처음 만나서 보리심을 발하고 선지식을 구하여 친근하고 공양하라는 가르침을 듣고 여기까지 와서 드디어 42번째 마야부인 선지식을 찾아뵙고 공경을 베풀고 법을 묻게 되었음을 밝혔다.

4) 마야부인이 법을 설하다

(1) 현재 비로자나불의 어머니

答言하사대 佛子야 我已成就菩薩大願智幻解

脫門일새 是故常爲諸菩薩母로라

마야부인이 대답하였습니다. "불자여, 저는 이미 보살의 큰 원과 지혜가 환술과 같은 해탈문을 성취하였으므로 항상 모든 보살의 어머니가 되었습니다."

마야부인은 정반왕의 왕비로서 곧 실달태자의 어머니이며 석가모니 부처님의 어머니이다. 다시 석가모니 부처님은 곧 비로자나 부처님이시다. 그래서 마야부인 선지식은 현재 비로자나불毘盧遮那佛의 어머니라는 사실을 밝힌 것이다.

불자 여아어차염부제중가비라성정반왕가
佛子야 **如我於此閻浮提中迦毘羅城淨飯王家**

우협이생실달태자 현부사의자재신변
에 **右脇而生悉達太子**할새 **現不思議自在神變**하야

여시내지진차세계해소유일체비로자나여래
如是乃至盡此世界海所有一切毘盧遮那如來가

개입아신 시현탄생자재신변
皆入我身하야 **示現誕生自在神變**이니라

"불자여, 제가 이 염부제 가비라성의 정반왕궁에서
오른 옆구리로 실달태자를 낳아 부사의하고 자재한 신
통변화를 나타낸 것과 같이 이와 같이 내지 이 세계 바
다에 있는 모든 비로자나 여래가 다 저의 몸에 들어왔
다가 탄생하는 자재한 신통변화를 나타내었습니다."

화엄경에서 일체 모든 존재를 바라보는 안목은 '일중일체
다중일一中一切多中一 일즉일체다즉일一卽一切多卽一'을 기본 원칙
으로 하고 있다. 그래서 마야부인이 "이 염부제 가비라성의

정반왕궁에서 오른 옆구리로 실달태자를 낳아 부사의하고 자재한 신통변화를 나타낸 것과 같이 이와 같이 내지 이 세계 바다에 있는 모든 비로자나 여래가 다 저의 몸에 들어왔다가 탄생하는 자재한 신통변화를 나타내었다."라고 한 것이다.

하나가 일체이며 일체가 하나인 이치는 모든 존재의 원융성圓融性을 설명하는 것이고, 다시 일체 존재가 낱낱이 시간도 공간도 각각 차별한 현상은 모든 존재의 항포성行布性을 보여 주는 것이다.

또 실달태자를 오른쪽 옆구리로 낳았다는 것에 대해 소승불교나 세상의 견해만을 고집하는 불교에서는 그 말이 분분하다. 이마에서 낳았건 옆구리에서 낳았건 배꼽에서 낳았건 무릎에서 낳았건 화엄경의 안목에서 보면 하나도 이상할 것이 없는 일이다. 바다같이 드넓은 일체 세계에서 무량하고 무수한 마야부인이 무량하고 무수한 실달태자를 낳는 데야 어찌 다른 이론을 제기하겠는가.

우선 남자   아 어 정 반 왕 궁   보살   장 욕 하 생
又善男子야 我於淨飯王宮에 菩薩이 將欲下生

지시   견 보살신   일 일 모 공   함 방 광 명   명 일
之時에 見菩薩身의 一一毛孔에 咸放光明하니 名一

체 여 래 수 생 공 덕 륜
切如來受生功德輪이라

"또한 선남자여, 제가 정반왕궁에서 보살이 탄생하려 할 때에 보살의 몸을 보니 낱낱 모공에서 모두 광명을 놓았는데 이름이 일체여래수생공덕륜—切如來受生功德輪이었습니다."

실달태자이면서 석가모니 부처님이고, 다시 비로자나 부처님이며 또한 보살이기도 하다. 한량없는 의미를 다 지닌 보살이 탄생할 때에 그 보살의 몸 낱낱 모공에서 일체여래수생공덕륜—切如來受生功德輪이라는 광명을 놓았다. 이 광명은 그 순간에 여러 가지 현상을 다 나타내었으며 지금 2천6백여 년에 이르도록 전 세계를 다 비추고 있다. 즉 이 순간 각자의 처한 곳에서 이렇게 화엄경을 공부하는 것이 곧 실달태자가 처음 태어날 때 낱낱 모공에서 비춘 그 광명이다.

一一毛孔에 皆現不可說不可說佛刹微塵數

일일모공 개현불가설불가설불찰미진수

菩薩受生莊嚴하야 彼諸光明이 皆悉普照一切世

보살수생장엄 피제광명 개실보조일체세

界하고 照世界已에 來入我頂과 乃至一切諸毛孔

계 조세계이 내입아정 내지일체제모공

中하며

중

"낱낱 모공에서 말할 수 없이 말할 수 없는 세계의
미진수 보살이 태어나는 장엄을 나타내었고, 저 모든
광명들이 모든 세계를 두루 비추었으며, 세계를 비추고
는 돌아와서 저의 정수리와 내지 일체 모든 모공에까지
들어갔습니다."

일체여래수생공덕륜-切如來受生功德輪 광명은 또 낱낱 모공
에서 말할 수 없이 말할 수 없는 세계의 미진수 보살이 태어
나는 장엄을 나타내었다. 즉 미진수 실달태자 보살이 태어
나는 것을 나타내었으며, 저 모든 광명은 또 모든 세계를 두
루 비추었으며, 세계를 비추고는 돌아와서 마야부인의 정수

리와 일체 모든 모공에까지 들어갔다. 실달태자 보살과 일체 세계 모든 존재와 마야부인은 하나의 광명으로 혼연일체가 되었다.

又彼光中에 普現一切菩薩名號受生神變과 宮
殿眷屬五欲自娛하며

"또한 저 광명 속에서 모든 보살의 이름과 태어나는 신통변화와 궁전과 권속과 다섯 가지 욕락으로 즐기는 일을 널리 나타내었습니다."

실달태자가 태어날 때 낱낱 모공에서 비추는 광명에는 이미 보살의 이름과 태어나는 신통변화와 궁전과 세존의 권속과 오욕락을 즐기는 일까지 모두 나타나 있었다. 하나의 작은 먼지 속에 온 우주가 다 나타나 있고, 한순간 속에 무한한 과거와 현재와 미래가 다 나타나 있다. 그러한 이치를 가르치려고 태어나는 것이다.

우견출가　　왕예도량　　성등정각　　좌사자좌
又見出家와 **往詣道場**과 **成等正覺**과 **坐獅子座**

　보살위요　　제왕공양　　위제대중　　　전정법
와 **菩薩圍繞**와 **諸王供養**과 **爲諸大衆**하야 **轉正法**

륜
輪하며

"또 집을 떠나서 도량에 나아가 등정각을 이루고 사
자좌에 앉았는데, 보살들이 둘러 모시고 모든 왕들이
공양하며, 모든 대중을 위하여 바른 법륜을 굴리는 것
을 보았습니다."

또한 모공에서 비추는 광명 속에는 실달태자의 출가와 6
년 고행과 보리도량과 정각을 이룸과 사자좌에 앉으심과 보
살 대중이 둘러 모심과 여러 왕들이 공양을 올림과 모든 대
중에게 정법을 설하심이 다 이미 나타나 있다. 마야부인 선
지식은 이와 같은 사실들을 다 보았다.

　우견여래왕석수행보살도시　　어제불소
又見如來往昔修行菩薩道時에 **於諸佛所**에

공경공양　　　발보리심　　　정불국토　　　염념시현무
恭敬供養과 發菩提心과 淨佛國土와 念念示現無

량화신　　　　충변시방일체세계　　　내지최후입반
量化身하야 充徧十方一切世界와 乃至最後入般

열반　　　　여시등사　　　미불개견
涅槃하야 如是等事를 靡不皆見호라

　　"또한 여래께서 지난 옛적 보살의 도를 수행할 때에
모든 부처님 계신 데서 공경하고 공양하며, 보리심을
내어 부처님 국토를 깨끗이 하고, 잠깐잠깐마다 한량없
는 화신化身을 보여 시방의 모든 세계에 가득함을 보았
으며, 내지 최후에 반열반에 드시는 이와 같은 일을 모
두 보았습니다."

　　또 실달태자의 낱낱 모공에서 비추는 광명에는 금생의 일
들만 나타나 있는 것이 아니라 지난 옛적 보살도를 닦을 적
에 모든 부처님 계신 데서 공경하고 공양하며, 보리심을 내
어 부처님 국토를 깨끗이 하고 끝내 열반에 드신 일까지 다
나타나 있는 것을 모두 보았다.

又善男子야 彼妙光明이 入我身時에 我身形量이
우선남자   피묘광명   입아신시   아신형량

雖不踰本이나 然이나 其實은 已超諸世間이니
수불유본   연   기실   이초제세간

"또한 선남자여, 저 묘한 광명이 저의 몸에 들어올
적에 저의 몸의 형상과 크기는 본래보다 다르지 않았지
마는 실제로는 이미 모든 세간을 초월하였습니다."

所以者何오 我身이 爾時에 量同虛空하야 悉能
소이자하   아신   이시   양동허공   실능

容受十方菩薩의 受生莊嚴諸宮殿故니라
용수시방보살   수생장엄제궁전고

"왜냐하면 저의 몸이 그때에 크기가 허공과 같아서
시방 보살의 태어나는 장엄과 모든 궁전을 다 용납할
수 있었던 까닭입니다."

마야부인은 태자의 낱낱 모공에서 비추는 광명이 몸에
들어오면서 허공신虛空身을 증득하였다. 허공신을 증득하였
으므로 허공이 모든 우주를 수용하듯이 마야부인의 몸도 시

방 보살의 태어나는 장엄과 모든 궁전을 다 용납할 수 있었던 것이다.

이 시　　보살　　종도솔천장강신시　　유십불찰
爾時에　菩薩이　從兜率天將降神時에　有十佛刹

미진수제보살　　개여보살　　동원　　동행　　동
微塵數諸菩薩이　皆與菩薩로　同願이며　同行이며　同

선근　　동장엄　　동해탈　　동지혜
善根이며　同莊嚴이며　同解脫이며　同智慧며

"그때에 보살이 도솔천에서 내려오려 할 때에 열 세계 미진수 보살이 있었으니 모두 이 보살과 더불어 원願이 같고, 행이 같고, 착한 뿌리가 같고, 장엄이 같고, 해탈이 같고, 지혜가 같으며,

제지제력　　법신색신　　내지보현신통행원
諸地諸力과　法身色身과　乃至普賢神通行願이

실개동등　　여시보살　　전후위요　　우유팔
悉皆同等하니　如是菩薩이　前後圍繞하며　又有八

만 제 용 왕 등 일 체 세 주　　승 기 궁 전　　구 래 공 양
萬諸龍王等一切世主가 **乘其宮殿**하고 **俱來供養**

하니라

　　모든 지위와 모든 힘과 법의 몸과 육신과 내지 보현
의 신통과 행과 원이 모두 같았습니다. 이와 같은 보살
들이 앞뒤에 둘러 모셨으며, 또 팔만의 용왕 등 모든 세
간을 맡은 주인들이 그들의 궁전에 올라 함께 와서 공
양하였습니다."

　　석가모니의 전신은 도솔천에서 보살로 있었다. 그래서
도솔천에서 내려와서 탄생하려 할 때에 열 불찰 미진수의 많
은 보살들과 그 서원이 같고, 행이 같고, 선근이 같고, 장엄
이 같고, 해탈이 같고, 지혜가 같고 내지 보현의 신통과 행
과 원이 모두 같았다. 보살이 부처님으로 태어날 수행과 원
력이 충만할 때 어찌 혼자만의 수행과 원력이 충만하겠는가.
그래서 그 많은 보살들과 함께하였다. 또 팔만의 용왕 등 모
든 세간을 맡은 주인들이 그들의 궁전에 올라 함께 와서 공
양하였다.

보살 이시 이신통력 여제보살 보현
菩薩이 爾時에 以神通力으로 與諸菩薩로 普現

일체도솔천궁 일일궁중 실현시방일체세
一切兜率天宮하고 一一宮中에 悉現十方一切世

계염부제내수생영상 방편교화무량중생
界閻浮提內受生影像하야 方便教化無量衆生하야

영제보살 이제해태 무소집착
令諸菩薩로 離諸懈怠하고 無所執着하며

"보살이 그때에 신통한 힘으로 여러 보살과 함께 모든 도솔천궁에 널리 나타났으며, 낱낱 천궁마다 시방 모든 세계의 염부제 안에서 태어나는 영상을 나타내며, 한량없는 중생을 방편으로 교화하며, 모든 보살들로 하여금 게으름을 여의고 집착함이 없게 하였습니다."

보살이 태어날 때 낱낱 모공에서 놓은 광명에서는 온갖 것을 나타내었는데 다른 여러 보살과 함께 일체 모든 도솔천궁에도 그와 같은 모습을 널리 다 나타내었다. 마치 수십 개의 거울에 서로서로 영상을 비추는 것과 같은 현상들이다.

우이 신력　　　방대 광명　　보 조 세 간　　파 제
又以神力으로 放大光明하야 普照世間하야 破諸

흑암　　멸 제 고 뇌　　영 제 중 생　　개 식 숙 세 소
黑闇하고 滅諸苦惱하야 令諸衆生으로 皆識宿世所

유 업 행　　영 출 악 도
有業行하야 永出惡道하며

"또한 신통한 힘으로 큰 광명을 놓아 세간을 두루 비추어서 모든 캄캄함을 깨뜨리고, 모든 고통과 번뇌를 소멸하였으며, 모든 중생들로 하여금 과거 세상에서 행한 업을 다 알고, 나쁜 길에서 영원히 뛰어나게 하였습니다."

보살이 탄생할 때에 그 보살의 몸 낱낱 모공에서 일체여래수생공덕륜—切如來受生功德輪이라는 광명을 놓았고, 보살은 다시 신통한 힘으로 여러 보살들과 함께 모든 도솔천궁에 널리 나타났으며, 낱낱 천궁마다 시방 모든 세계의 염부제 안에서 태어나는 영상을 나타내었다. 또 보살은 큰 광명을 놓아 세간을 두루 비추어서 모든 캄캄함을 깨뜨리고, 모든 고통과 번뇌를 소멸하였음을 밝혔다.

又爲救護一切衆生하야 普現其前하야 作諸神

變하나니 現如是等諸奇特事하야 與眷屬俱하야 來

入我身하며 彼諸菩薩이 於我腹中에 遊行自在하야

或以三千大千世界로 而爲一步하고 或以不可說

不可說佛刹微塵數世界로 而爲一步하며

"또 일체 중생을 구호하기 위하여 그들의 앞에 나타나서 모든 신통변화를 지었습니다. 이와 같은 여러 가지 기특한 일을 나타내며, 권속들과 함께 와서 저의 몸에 들어갔으니, 저 모든 보살들은 저의 배 속에서 자재하게 돌아다니는데 혹 삼천대천세계로 한 걸음을 삼기도 하고, 혹 말할 수 없이 말할 수 없는 세계의 미진수 세계로 한 걸음을 삼기도 하였습니다."

다시 놓은 큰 광명은 일체 중생을 구호하기 위하여 그들의 앞에 나타나서 모든 신통변화를 지었다. 그러고는 낱낱 모공에서 놓은 광명과 같이 마야부인의 몸으로 들어갔다. 그러자 실달태자 보살과 다른 여러 보살들이 모두 마야부인의 배 속에서 자유자재하게 돌아다니는데, 혹 삼천대천세계로 한 걸음을 삼기도 하고, 혹 말할 수 없이 말할 수 없는 세계의 미진수 세계로 한 걸음을 삼기도 하였다.

마치 한 생각에 수백억 광년의 거리에 있는 별들의 세계를 마음대로 돌아다니는 것과 같았다. '코스모스'라는 다큐드라마가 세상을 깜짝 놀라게 하였는데 무수히 등장하는 내용이 "저 모든 보살들은 저의 배 속에서 자재하게 돌아다니는데, 혹 삼천대천세계로 한 걸음을 삼기도 하고, 혹 말할 수 없이 말할 수 없는 세계의 미진수 세계로 한 걸음을 삼기도 하였습니다."라는 내용 그대로였다.

우 염 념 중　　시 방 불 가 설 불 가 설 일 체 세 계 제
又念念中에　**十方不可說不可說一切世界諸**

여 래 소 보 살 중 회　　급 사 천 왕 천 삼 십 삼 천　　내
如來所菩薩衆會와　**及四天王天三十三天**과　**乃**

지색계제범천왕 욕견보살 처태신변 공
至色界諸梵天王이 欲見菩薩의 處胎神變하고 恭

경공양
敬供養하며

"또한 잠깐잠깐 동안에 시방으로 말할 수 없이 말할 수 없는 모든 세계에 계시는 모든 여래의 도량에 모인 보살 대중과 사천왕천과 삼십삼천과 내지 형상세계의 범천왕들로서 보살의 태에 드는[處胎] 신통변화를 보고 공경하고 공양하며,

청수정법 개입아신 수아복중 실능용
聽受正法하야 皆入我身하니 雖我腹中에 悉能容

수여시중회 이신불광대 역불박착 기제
受如是衆會나 而身不廣大하며 亦不迫窄하야 其諸

보살 각견자처중회도량 청정엄식
菩薩이 各見自處衆會道場하야 清淨嚴飾하나라

바른 법을 듣고자 하는 이들이 모두 저의 몸에 들어왔으니, 비록 저의 배 속에 이와 같은 많은 대중을 용납하지마는 그러나 몸은 더 커지지도 않고 또한 비좁지도

않았으며, 그 모든 보살들은 제각기 자기가 대중이 모인 도량에 있어서 청정하게 장엄함을 보았습니다."

또 무수한 보살 대중과 사천왕천과 삼십삼천과 내지 형상세계의 범천왕들로서 보살의 태에 드는[處胎] 신통변화를 보고 공경하고 공양하였으며, 또 바른 법을 듣고자 하는 이들은 모두 마야부인의 몸에 들어왔다. 그러나 그 많은 이들이 몸속에 들어왔으나 몸은 더 커지지도 않고 비좁지도 않았다. 즉 모든 존재가 사事와 사事가 걸림이 없는[事事無礙] 이치이며, 넓은 것과 좁은 것이 걸림이 없는 광협자재무애문廣狹自在無礙門을 밝힌 내용이다.

선 남 자   여차사천 하 염 부 제 중 보살 수생   아
善男子야 如此四天下閻浮提中菩薩受生에 我

위 기 모   삼 천 대 천 세 계 백 억 사 천 하 염 부 제 중
爲其母하야 三千大千世界百億四天下閻浮提中

실 역 여 시   연 아 차 신   본 래 무 이   비 일 처
에도 悉亦如是나 然我此身은 本來無二하야 非一處

주　비다처주　하이고　이수보살대원지환장
住며 **非多處住**니 **何以故**오 **以修菩薩大願智幻莊**

엄해탈문고
嚴解脫門故니라

"선남자여, 이 사천하의 염부제에서 보살이 태어나
실 적에 제가 어머니가 되듯이 삼천대천세계 백억 사
천하의 염부제에서도 모두 또한 그와 같으나, 그러나
저의 이 몸은 본래부터 둘이 아니며 한 곳에 있는 것도
아니요 여러 곳에 있는 것도 아니니, 왜냐하면 보살의
큰 원과 지혜가 환술과 같이 장엄한 해탈문을 닦은 연
고입니다."

이 내용은 일다상용부동문一多相容不同門이라는 이치를 밝
힌 것이다. 즉 모든 존재가 하나와 많은 것이 서로 용납하여
혼연일체가 되지만 결코 같아지지 아니하여 개개가 독립하
여 존재한다는 이치이다.

(2) 과거 모든 부처님의 어머니

선 남 자 　 여 금 세 존 　 아 위 기 모 　 왕 석 소 유
善男子야 **如今世尊**에 **我爲其母**하야 **往昔所有**

무 량 제 불 　 실 역 여 시 　 이 위 기 모
無量諸佛에도 **悉亦如是**하야 **而爲其母**호라

"선남자여, 제가 지금 세존에게 어머니가 되듯이 지
난 옛적에 계시던 한량없는 부처님들에게도 다 또한 그
와 같이 어머니가 되었습니다."

부처님의 어머니, 즉 불모佛母의 첫째의 뜻은 법의 진리에
계합하는 지혜로서 곧 반야般若를 말한다. 이 반야라는 최상
의 지혜를 얻은 것이 곧 부처님이라는 뜻으로 보아 반야를
모든 부처님들의 어머니란 뜻으로 불모라 한다.

두 번째 뜻은 석가모니 부처님의 어머니인 마야부인을 뜻
한다. 혹은 부처님의 이모인 대애도大愛道 비구니를 일컫는
말이기도 하다. 그러나 이것은 세속적인 견해이고 화엄경의
견해로 마야부인은 석가모니 부처님의 어머니이면서 과거 현
재 미래 모든 부처님의 어머니이기도 하다.

선남자　아석증작연화지신　　시유보살
善男子야 **我昔曾作蓮華池神**이러니 **時有菩薩**이

어연화장　홀연화생　　아즉봉지　　첨시양
於蓮華藏에 **忽然化生**이어늘 **我卽捧持**하야 **瞻侍養**

육　일체세간　개공호아　　위보살모
育하니 **一切世間**이 **皆共號我**하야 **爲菩薩母**러라

"선남자여, 저는 옛적에 일찍이 연꽃 못 맡은 신이 되었을 때에 보살이 연꽃 송이에서 홀연히 변화하여 탄생하신 것을 제가 곧 받들고 나와서 보호하여 양육하였는데 모든 세간 사람들이 다 저를 이름하여 '보살의 어머니'라고 하였습니다."

마야부인은 옛적에 연꽃 못을 맡아 관리하는 신이었는데 그때 연꽃에서 보살이 홀연히 화생하여 태어나신 것을 받아서 양육하였던 인연으로 '보살의 어머니'라고 불렸음을 밝혔다.

우아석위보리장신　　시유보살　어아회
又我昔爲菩提場神이러니 **時有菩薩**이 **於我懷**

중   홀 연 화 생   세 역 호 아   위 보 살 모
中에 **忽然化生**하니 **世亦號我**하야 **爲菩薩母**러라

　"또 저는 옛적에 보리도량의 신이 되었는데 그때 보
살이 있어서 저의 품속에서 홀연히 변화하여 탄생하시
니 세상에서 저를 이름하여 '보살의 어머니'라고 하였
습니다."

　마야부인은 또 옛적에 보리도량의 신이 되었는데 그때에
보살이 있어서 마야부인의 품속에서 홀연히 변화하여 탄생
하였다. 그래서 세상에서 또 '보살의 어머니'라고 불렀음을
밝혔다.

　　선 남 자   유 무 량 최 후 신 보 살   어 차 세 계   종
善男子야 **有無量最後身菩薩**이 **於此世界**에 **種**

종 방 편   시 현 수 생   아 개 위 모
種方便으로 **示現受生**에 **我皆爲母**호라

　"선남자여, 한량없는 마지막 몸을 받은[最後身] 보살들
이 이 세계에서 가지가지 방편으로 태어남을 보일 적에

저는 모두 그들의 어머니가 되었습니다."

또 마야부인은 한량없는 마지막 몸을 받은[最後身] 보살들이 이 세계에서 가지가지 방편으로 태어남을 보일 적에 역시 그들의 어머니가 되었음을 설하였는데, 즉 한 번의 부처님의 어머니는 영원한 부처님의 어머니라는 것을 밝혔다.

마지막 몸을 받은 보살들이라는 최후신最後身의 뜻은 생사에 유전하는 가장 마지막 몸이라는 것으로 아라한이나 등각等覺 보살의 몸을 말한다. 더 이상은 몸을 받지 않고 영원한 열반에 든다는 뜻을 가지는데 중생 교화를 위해서 영원히 생을 거듭하면서 태어나고 또 태어나는 대승의 원력보살의 의미와는 그 뜻이 다르다.

(3) 현겁賢劫 중의 모든 부처님의 어머니

선 남 자　　여 차 세 계 현 겁 지 중 과 거 세 시　　구
善男子야 **如此世界賢劫之中過去世時**에 **拘**

류 손 불　　구 나 함 모 니 불　　가 섭 불　　급 금 세 존 석
留孫佛과 **拘那含牟尼佛**과 **迦葉佛**과 **及今世尊釋**

가 모 니 불　　현 수 생 시　　아 위 기 모
迦牟尼佛이 現受生時에 我爲其母하니라

　"선남자여, 이 세계의 현겁賢劫에서와 같이 지나간 세
상의 구류손拘留孫 부처님과 구나함모니拘那含牟尼 부처님
과 가섭迦葉 부처님과 지금 세상의 석가모니 부처님이
탄생하실 적에도 제가 그들의 어머니가 되었습니다."

　흔히 말하는 과거칠불七佛이란 비바시불毘婆尸佛과 시기불
尸棄佛과 비사부불毘舍浮佛과 구류손불拘留孫佛과 구나함모
니불拘那含牟尼佛과 가섭불迦葉佛과 석가모니불釋迦牟尼佛을 말
하는데 경문에서는 생략되었다. 마야부인은 그 모든 부처
님의 어머니이다.

미 래 세 중　　미 륵 보 살　　종 도 솔 천 장 강 신 시
未來世中에 彌勒菩薩이 從兜率天將降神時에

방 대 광 명　　보 조 법 계　　시 현 일 체 제 보 살 중
放大光明하야 普照法界하야 示現一切諸菩薩衆

수생신변   내어인간   생대족가   조복중생
受生神變하고 **乃於人間**에 **生大族家**하야 **調伏衆生**

    아 어 피 시   역 위 기 모
이어든 **我於彼時**에 **亦爲其母**하나라

"오는 세상에 미륵보살이 도솔천에서 내려오실 적에
큰 광명을 놓아 법계를 두루 비추며, 일체 모든 보살이
태어나는 신통변화를 나타내어 인간에서 훌륭한 가문에
탄생하여 중생을 조복하는 때에도 저는 또한 그의 어머
니가 됩니다."

마야부인은 과거 부처님들의 어머니일 뿐만 아니라 미래
에 오실 부처님들의 어머니도 된다는 것을 밝혔다. 미륵彌勒
보살이란 Maitreya 또는 매달려야梅呾麗耶·매달레야昧怛隷野
이다. 번역하여 자씨慈氏이다. 이름은 아일다阿逸多·무승無勝
·막승莫勝이라 번역한다. 인도 바라내국의 바라문 집에 태
어나 석존의 교화를 받고, 미래에 성불하리라는 수기를 받
아 도솔천에 올라가 있으면서 지금 그 하늘에서 천인들을
교화한다. 석존 입멸 후 56억7천만 년을 지나 다시 이 사바
세계에 출현하여 화림원華林園 안의 용화수龍華樹 아래서 성도

하여, 3회의 설법으로써 석존의 교화에서 빠진 모든 중생을
제도한다고 한다. 석존의 업적을 돕는다는 뜻으로 보처補處
의 미륵이라 하며, 현겁賢劫 천불의 제5불佛이다. 이 법회를
용화삼회龍華三會라 한다. 마야부인 선지식은 그때에도 역시
부처님의 어머니가 된다.

　　　여 시 차 제　　유 사 자 불　　법 당 불　　선 안 불　　정
　　　如是次第로 有獅子佛과 法幢佛과 善眼佛과 淨

화 불　　화 덕 불　　제 사 불　　불 사 불　　선 의 불　　금
華佛과 華德佛과 提舍佛과 弗沙佛과 善意佛과 金

강 불　　이 구 불
剛佛과 離垢佛과

　　"이와 같이 차례차례로 사자불獅子佛과 법당불法幢佛과
선안불善眼佛과 정화불淨華佛과 화덕불華德佛과 제사불提舍佛
과 불사불弗沙佛과 선의불善意佛과 금강불金剛佛과 이구불離
垢佛과

월광불　　지거불　　명칭불　　금강순불　　청정
月光佛과 **持炬佛**과 **名稱佛**과 **金剛楯佛**과 **清淨**

의불　　감신불　　도피안불　　보염산불　　지명불
義佛과 **紺身佛**과 **到彼岸佛**과 **寶焰山佛**과 **持明佛**

연화덕불
과 **蓮華德佛**과

월광불月光佛과 지거불持炬佛과 명칭불名稱佛과 금강순불
金剛楯佛과 청정의불清淨義佛과 감신불紺身佛과 도피안불到彼岸
佛과 보염산불寶焰山佛과 지명불持明佛과 연화덕불蓮華德佛과

명칭불　　무량공덕불　　최승등불　　장엄신불
名稱佛과 **無量功德佛**과 **最勝燈佛**과 **莊嚴身佛**

선위의불　　자덕불　　무주불　　대위광불　　무
과 **善威儀佛**과 **慈德佛**과 **無住佛**과 **大威光佛**과 **無**

변음불　　승원적불
邊音佛과 **勝怨敵佛**과

명칭불名稱佛과 무량공덕불無量功德佛과 최승등불最勝燈佛
과 장엄신불莊嚴身佛과 선위의불善威儀佛과 자덕불慈德佛과
무주불無住佛과 대위광불大威光佛과 무변음불無邊音佛과 승원

적불勝怨敵佛과

이의혹불　청정불　대광불　정심불　운덕
離疑惑佛과 清淨佛과 大光佛과 淨心佛과 雲德

불　장엄정계불　수왕불　보당불　해혜불
佛과 莊嚴頂髻佛과 樹王佛과 寶瑠佛과 海慧佛과

묘보불
妙寶佛과

이의혹불離疑或佛과 청정불清淨佛과 대광불大光佛과 정심
불淨心佛과 운덕불雲德佛과 장엄정계불莊嚴頂髻佛과 수왕불樹
王佛과 보당불寶瑠佛과 해혜불海慧佛과 묘보불妙寶佛과

화관불　만원불　대자재불　묘덕왕불　최
華冠佛과 滿願佛과 大自在佛과 妙德王佛과 最

존승불　전단운불　감안불　승혜불　관찰혜
尊勝佛과 栴檀雲佛과 紺眼佛과 勝慧佛과 觀察慧

불　치성왕불
佛과 熾盛王佛과

화관불華冠佛과 만원불滿願佛과 대자재불大自在佛과 묘덕
왕불妙德王佛과 최존승불最尊勝佛과 전단운불栴檀雲佛과 감안
불紺眼佛과 승혜불勝慧佛과 관찰혜불觀察慧佛과 치성왕불熾盛
王佛과

견고혜불 자재명불 사자왕불 자재불
堅固慧佛과 **自在名佛**과 **獅子王佛**과 **自在佛**과

최승정불 금강지산불 묘덕장불 보망엄신
最勝頂佛과 **金剛智山佛**과 **妙德藏佛**과 **寶網嚴身**

불 선혜불 자재천불
佛과 **善慧佛**과 **自在天佛**과

견고혜불堅固慧佛과 자재명불自在名佛과 사자왕불獅子王佛
과 자재불自在佛과 최승정불最勝頂佛과 금강지산불金剛智山佛
과 묘덕장불妙德藏佛과 보망엄신불寶網嚴身佛과 선혜불善慧佛
과 자재천불自在天佛과

대천왕불 무의덕불 선시불 염혜불 수
大天王佛과 **無依德佛**과 **善施佛**과 **焰慧佛**과 **水**

천불　　득상미불　　출생무상공덕불　　선인시위
天佛과　得上味佛과　出生無上功德佛과　仙人侍衛

불　　수세어언불　　공덕자재당불
佛과　隨世語言佛과　功德自在幢佛과

　대천왕불大天王佛과　무의덕불無依德佛과　선시불善施佛과
염혜불焰慧佛과　수천불水天佛과　득상미불得上味佛과　출생무
상공덕불出生無上功德佛과　선인시위불仙人侍衛佛과　수세어언
불隨世語言佛과　공덕자재당불功德自在幢佛과

　광당불　　관신불　　묘신불　　향염불　　금강보
光幢佛과　觀身佛과　妙身佛과　香焰佛과　金剛寶

엄불　　희안불　　이욕불　　고대신불　　재천불
嚴佛과　喜眼佛과　離欲佛과　高大身佛과　財天佛과

무상천불
無上天佛과

　광당불光幢佛과　관신불觀身佛과　묘신불妙身佛과　향염불香
焰佛과　금강보엄불金剛寶嚴佛과　희안불喜眼佛과　이욕불離欲佛
과　고대신불高大身佛과　재천불財天佛과　무상천불無上天佛과

순적멸불　지각불　멸탐불　대염왕불　적
順寂滅佛과 智覺佛과 滅貪佛과 大焰王佛과 寂

제유불　비사거천불　　금강산불　　지염덕불
諸有佛과 毘舍佉天佛과 金剛山佛과 智焰德佛과

안은불　사자출현불
安隱佛과 獅子出現佛과

순적멸불順寂滅佛과 지각불智覺佛과 멸탐불滅貪佛과 대염
왕불大焰王佛과 적제유불寂諸有佛과 비사거천불毘舍佉天佛과
금강산불金剛山佛과 지염덕불智焰德佛과 안은불安隱佛과 사자
출현불獅子出現佛과

원만청정불　청정현불　　제일의불　　백광명
圓滿淸淨佛과 淸淨賢佛과 第一義佛과 百光明

불　최증상불　　심자재불　　대지왕불　　장엄왕
佛과 最增上佛과 深自在佛과 大地王佛과 莊嚴王

불　해탈불　묘음불
佛과 解脫佛과 妙音佛과

원만청정불圓滿淸淨佛과 청정현불淸淨賢佛과 제일의불第一
義佛과 백광명불百光明佛과 최증상불最增上佛과 심자재불深自

在佛과 대지왕불大地王佛과 장엄왕불莊嚴王佛과 해탈불解脫佛과 묘음불妙音佛과

수승불　자재불　무상의왕불　공덕월불
殊勝佛과 自在佛과 無上醫王佛과 功德月佛과

무애광불　공덕취불　월현불　일천불　출제
無礙光佛과 功德聚佛과 月現佛과 日天佛과 出諸

유불　용맹명칭불
有佛과 勇猛名稱佛과

수승불殊勝佛과 자재불自在佛과 무상의왕불無上醫王佛과
공덕월불功德月佛과 무애광불無礙光佛과 공덕취불功德聚佛과
월현불月現佛과 일천불日天佛과 출제유불出諸有佛과 용맹명
칭불勇猛名稱佛과

광명문불　사라왕불　최승불　약왕불　보
光明門佛과 娑羅王佛과 最勝佛과 藥王佛과 寶

승불　금강혜불　무능승불　무능영폐불　중
勝佛과 金剛慧佛과 無能勝佛과 無能映蔽佛과 衆

회 왕 불　　대 명 칭 불
會王佛과 **大名稱佛**과

　광명문불光明門佛과　사라왕불娑羅王佛과　최승불最勝佛과
약왕불藥王佛과　보승불寶勝佛과　금강혜불金剛慧佛과　무능승
불無能勝佛과　무능영폐불無能映蔽佛과　중회왕불衆會王佛과　대
명칭불大名稱佛과

　민 지 불　　무 량 광 불　　대 원 광 불　　법 자 재 불 허
敏持佛과 **無量光佛**과 **大願光佛**과 **法自在不虛**

불　 불 퇴 지 불　 정 천 불　　선 천 불　　견 고 고 행 불
佛과 **不退地佛**과 **淨天佛**과 **善天佛**과 **堅固苦行佛**과

일 체 선 우 불　　해 탈 음 불
一切善友佛과 **解脫音佛**과

　민지불敏持佛과　무량광불無量光佛과　대원광불大願光佛과
법자재불허불法自在不虛佛과　불퇴지불不退地佛과　정천불淨天佛
과　선천불善天佛과　견고고행불堅固苦行佛과　일체선우불一切善
友佛과　해탈음불解脫音佛과

유희왕불　멸사곡불　담복정광불　구중덕
遊戲王佛과　滅邪曲佛과　薝蔔淨光佛과　具衆德

불　　최승월불　　집명거불　　수묘신불　　불가설
佛과　最勝月佛과　執明炬佛과　殊妙身佛과　不可說

불　　최청정불　　우안중생불
佛과　最淸淨佛과　友安衆生佛과

　　유희왕불遊戲王佛과　멸사곡불滅邪曲佛과　담복정광불薝蔔淨

光佛과　구중덕불具衆德佛과　최승월불最勝月佛과　집명거불執明

炬佛과　수묘신불殊妙身佛과　불가설불不可說佛과　최청정불最淸

淨佛과　우안중생불友安衆生佛과

　　무량광불　　무외음불　　수천덕불　　부동혜광
　無量光佛과　無畏音佛과　水天德佛과　不動慧光

불　　화승불　　월염불　　불퇴혜불　　이애불　　무
佛과　華勝佛과　月焰佛과　不退慧佛과　離愛佛과　無

착혜불　　집공덕온불
着慧佛과　集功德蘊佛과

　　무량광불無量光佛과　무외음불無畏音佛과　수천덕불水天德佛

과　부동혜광불不動慧光佛과　화승불華勝佛과　월염불月焰佛과

불퇴혜불不退慧佛과 이애불離愛佛과 무착혜불無着慧佛과 집공

덕온불集功德蘊佛과

멸악취불　　보산화불　　사자후불　　제일의불
滅惡趣佛과 普散華佛과 獅子吼佛과 第一義佛

무애견불　　파타군불　　불착상불　　이분별해
과 無礙見佛과 破他軍佛과 不着相佛과 離分別海

불　　단엄해불　　수미산불
佛과 端嚴海佛과 須彌山佛과

멸악취불滅惡趣佛과 보산화불普散華佛과 사자후불獅子吼佛

과 제일의불第一義佛과 무애견불無礙見佛과 파타군불破他軍佛

과 불착상불不着相佛과 이분별해불離分別海佛과 단엄해불端嚴

海佛과 수미산불須彌山佛과

무착지불　　무변좌불　　청정주불　　수사행불
無着智佛과 無邊座佛과 淸淨住佛과 隨師行佛

최상시불　　상월불　　요익왕불　　부동취불
과 最上施佛과 常月佛과 饒益王佛과 不動聚佛과

보 섭 수 불   요 익 혜 불
普攝受佛과 **饒益慧佛**과

　　무착지불無著智佛과 무변좌불無邊座佛과 청정주불清淨住佛
과 수사행불隨師行佛과 최상시불最上施佛과 상월불常月佛과
요익왕불饒益王佛과 부동취불不動聚佛과 보섭수불普攝受佛과
요익혜불饒益慧佛과

　　지 수 불   무 멸 불   구 족 명 칭 불   대 위 력 불
持壽佛과 **無滅佛**과 **具足名稱佛**과 **大威力佛**과

　　종 종 색 상 불   무 상 혜 불   부 동 천 불   묘 덕 난 사
種種色相佛과 **無相慧佛**과 **不動天佛**과 **妙德難思**

　　불   만 월 불   해 탈 월 불
佛과 **滿月佛**과 **解脫月佛**과

　　지수불持壽佛과 무멸불無滅佛과 구족명칭불具足名稱佛과
대위력불大威力佛과 종종색상불種種色相佛과 무상혜불無相慧佛
과 부동천불不動天佛과 묘덕난사불妙德難思佛과 만월불滿月佛
과 해탈월불解脫月佛과

무 상 왕 불　　희 유 신 불　　범 공 양 불　　불 순 불
無上王佛과　希有身佛과　梵供養佛과　不瞬佛과

순 선 고 불　　최 상 업 불　　순 법 지 불　　무 승 천 불
順先古佛과　最上業佛과　順法智佛과　無勝天佛과

부 사 의 공 덕 광 불　　수 법 행 불
不思議功德光佛과　隨法行佛과

무상왕불無上王佛과　희유신불希有身佛과　범공양불梵供養佛
과　불순불不瞬佛과　순선고불順先古佛과　최상업불最上業佛과
순법지불順法智佛과　무승천불無勝天佛과　부사의공덕광불不思
議功德光佛과　수법행불隨法行佛과

무 량 현 불　　보 수 순 자 재 불　　최 존 천 불　　여 시
無量賢佛과　普隨順自在佛과　最尊天佛과　如是

내 지 누 지 여 래　　재 현 겁 중　　어 차 삼 천 대 천 세
乃至樓至如來가　在賢劫中하야　於此三千大千世

계 당 성 불 자　　실 위 기 모
界當成佛者에　悉爲其母하나라

무량현불無量賢佛과　보수순자재불普隨順自在佛과　최존천
불最尊天佛 등 이와 같이 누지樓至 여래에 이르기까지 현겁

동안에 이 삼천대천세계에서 당래에 부처님 되실 이에게 모두 그의 어머니가 됩니다."

미래에 오셔서 부처님이 되실 미륵보살로부터 차례차례로 사자불獅子佛과 법당불法幢佛과 선안불善眼佛과 정화불淨華佛 등 많고 많은 부처님이 출현하시게 되는데 그때마다 마야부인은 그들의 어머니가 되는 것을 밝혔다.

마야부인은 세속적 견해로 볼 때 실달태자를 낳고 7일 만에 돌아가셨다. 40대에 만산으로 태자를 낳았는데 길을 가다가 룸비니라고 하는 동산에서 낳았으니 산후조리인들 제대로 했겠는가. 또 주변의 위생환경은 얼마나 열악했겠는가. 그런저런 인연으로 그토록 기다리다 늦게 얻은 태자의 얼굴도 제대로 보지 못하고 돌아가셨다. 얼마나 안타깝고 원통한 일인가. 2천6백 년이 지난 지금 생각해도 가슴이 미어지는 일이다.

그러나 마야부인이 천상천하에 둘도 없는 석가모니 부처님을 낳으신 공덕은 그 어떤 찬탄으로도 다 표현할 수 없다. 과거 현재 미래의 무량무수한 부처님의 어머니라고 한들 그

은혜에 보답할 수 있겠는가. 실로 그 무량무수한 부처님들은 모두 석가모니 부처님의 깨달음에 의한 가르침으로 탄생하고 알려지신 부처님이다. 그러므로 그 말은 곧 과거 현재 미래의 무량무수한 부처님들도 마야부인이 낳으신 부처님이라고 해석해도 틀린 말은 아닐 것이다. 만약 석가모니 부처님의 가르침이 없었다면 어찌 그 많은 부처님과 진리의 가르침을 알 수 있었겠는가. 상상도 못했을 일이다.

(4) 종횡으로 무궁함을 밝히다

여 어차 삼천 대천 세계   여시 어차 세계 해 시
如於此三千大千世界하야 **如是於此世界海十**

방무량 제세계 일체 겁 중   제 유 수행 보현 행 원
方無量諸世界一切劫中에 **諸有修行普賢行願**하야

위 화 일체 제 중생 자   아 자 견 신   실 위 기 모
爲化一切諸衆生者에 **我自見身**하야 **悉爲其母**호라

"이 삼천대천세계와 같이 이와 같은 이 세계 바다에 있는 시방의 한량없는 세계와 모든 겁에서 보현의 행과 원을 닦아서 일체 모든 중생을 교화하려는 이에게도 저

의 몸이 다 그들의 어머니가 되는 것을 제가 봅니다."

(5) 해탈을 얻은 근원을 밝히다

爾時에 善財童子가 白摩耶夫人言호대 大聖하 得
此解脫이 經今幾時니잇고

그때에 선재동자가 마야부인에게 여쭈었습니다. "크게 거룩하신 이께서 이 해탈을 얻은 지는 얼마나 오래되었습니까?"

答言하사대 善男子야 乃往古世에 過不可思議
非最後身菩薩神通道眼所知劫數하야 爾時有劫
하니 名淨光이요

마야부인이 대답하였습니다. "선남자여, 지나간 옛

적 불가사의하여 맨 나중 몸을 받은 보살의 신통한 도
의 눈으로는 알 수 있는 것이 아닌 겁 이전에 그때에 겁
이 있었으니 이름이 정광淨光이었습니다."

세계　　명수미덕　　수유제산　　오취잡거
世界는 名須彌德이니 雖有諸山과 五趣雜居나

연기국토　　중보소성　　청정장엄　　무제예
然其國土가 衆寶所成이라 淸淨莊嚴하야 無諸穢

악
惡이요

"세계의 이름은 수미덕須彌德이었습니다. 비록 여러
산이 있어 다섯 길의 중생들이 섞여 살았지마는 그러나
그 국토가 여러 가지 보배로 되어 있고 청정하게 장엄
하여 더럽고 나쁜 것이 없었습니다."

유천억사천하　　유일사천하　　명사자당
有千億四天下어든 有一四天下하니 名獅子幢이라

어중 유팔십억왕성 유일왕성 명자재당
於中에 有八十億王城이어든 有一王城하니 名自在幢

유전륜왕 명대위덕 피왕성북 유일
이요 有轉輪王하니 名大威德이요 彼王城北에 有一

도량 명만월광명 기도량신 명왈자덕
道場하니 名滿月光明이요 其道場神은 名曰慈德이요

"천억 사천하가 있는 가운데 한 사천하가 있으니 이
름이 사자당獅子幢이요, 그 가운데 팔십억 왕성王城이 있
었는데 한 왕성의 이름은 자재당自在幢이고, 전륜왕이 있
으니 이름이 대위덕大威德이었습니다. 그 왕성 북쪽에 한
도량이 있으니 이름이 만월광명滿月光明이요, 그 도량을
맡은 신神의 이름은 자덕慈德이었습니다."

시유보살 명이구당 좌어도량 장성
時有菩薩하니 名離垢幢이라 坐於道場하야 將成

정각 유일악마 명금색광 여기권속무
正覺이러니 有一惡魔하니 名金色光이라 與其眷屬無

량중구 지보살소 피대위덕전륜성왕 이
量衆俱하야 至菩薩所어늘 彼大威德轉輪聖王이 已

득 보 살 신 통 자 재
得菩薩神通自在라

"그때에 보살이 있으니 이름이 이구당離垢幢이었습니
다. 도량에 앉아서 장차 정각을 이루려 하는데 한 악마
가 있으니 이름이 금색광金色光이었습니다. 한량없는 권
속들을 데리고 보살이 있는 데에 왔으나 그 대위덕전륜
성왕大威德轉輪聖王은 이미 보살의 신통과 자재함을 얻었습
니다."

화 작 병 중   기 수 배 다   위 요 도 량   제 마 황
化作兵衆에 **其數倍多**하야 **圍繞道場**한대 **諸魔惶**

포   실 자 분 산   고 피 보 살   등 성 아 뇩 다 라 삼
怖하야 **悉自奔散**이라 **故彼菩薩**이 **得成阿耨多羅三**

먁 삼 보 리
藐三菩提하니라

"그 수효가 갑절이나 많은 군사를 변화하여 만들어
서 도량을 에워쌌으므로 모든 악마들이 두렵고 또 두려
워서 다 저절로 물러갔습니다. 그리고 그 보살은 아뇩
다라삼먁삼보리를 이루었습니다."

시 도량신 견시사이 환희무량 변어
時에 道場神이 見是事已하고 歡喜無量하야 便於

피 왕 이생자상 정례불족 작시원언
彼王에 而生子想하야 頂禮佛足하고 作是願言호대

차 전 륜 왕 재 재 생 처 내 지 성 불 원 아 상 득 여
此轉輪王의 在在生處와 乃至成佛에 願我常得與

기 위 모
其爲母하야지이다

"이때에 도량 맡은 신이 이런 일을 보고 한량없이 기
뻐하면서 곧 그 전륜왕에게 아들이라는 생각을 내고, 부
처님 발에 엎드려 절하고 이렇게 발원하였습니다. '이
전륜왕이 여러 곳에 태어날 적마다, 또 필경에 성불할
때에 제가 항상 그의 어머니가 되어지이다.'라고 하였
습니다."

작 시 원 이 어 차 도 량 부 증 공 양 십 나 유 타
作是願已하고 於此道場에 復曾供養十那由他

불
佛하니라

"이렇게 원을 세우고 이 도량에서 다시 십 나유타 부처님께 공양하였습니다."

선남자야 어여의운하오 피도량신이 기이인호아

善男子야 於汝意云何오 彼道場神이 豈異人乎아

아신 시야 전륜왕자 금세존비로자나 시

我身이 是也요 轉輪王者는 今世尊毘盧遮那가 是

니라

"선남자여, 어떻게 생각합니까. 그때의 도량 맡은 신은 다른 사람이 아니라 곧 내 몸이며, 전륜왕은 지금의 세존이신 비로자나 부처님이십니다."

해탈을 얻은 근원을 밝히는 과정에서 도량신이 전륜왕에게 아들이라는 생각을 내고 발원하기를, '이 전륜왕이 여러 곳에 태어날 적마다, 또 필경에 성불할 때에 제가 항상 그의 어머니가 되어지이다.'라고 하였는데 그때 그 인연으로 도량신은 마야부인이 되고 전륜왕은 지금의 석가모니 부처님인 비로자나 부처님이 되었음을 밝혔다.

아종어피발원이래　차불세존　어시방찰일
我從於彼發願已來로 此佛世尊이 於十方刹一

체제취　처처수생　종제선근　수보살행
切諸趣에 處處受生하야 種諸善根하고 修菩薩行하야

교화성취일체중생　내지시현주최후신　염
教化成就一切衆生하며 乃至示現住最後身하야 念

념보어일체세계　시현보살수생신변　상위아
念普於一切世界에 示現菩薩受生神變에 常爲我

자　아상위모
子하고 我常爲母호라

"저는 그때 원을 세운 이후로 이 부처님 세존이 시
방세계의 여러 가지 길에서 곳곳마다 태어나시며 착한
뿌리를 심고, 보살의 행을 닦아 모든 중생을 교화하여
성취케 하며, 내지 맨 나중 몸에 있음을 나타내어 잠깐
잠깐 동안에 널리 모든 세계에서 보살로 태어나는 신통
변화를 나타낼 적마다 항상 저의 아들이 되었고 저는
항상 어머니가 되었습니다."

선남자　과거현재시방세계무량제불　장성
善男子야 **過去現在十方世界無量諸佛**이 **將成**

불시　개어제중　방대광명　내조아신　급
佛時에 **皆於臍中**에 **放大光明**하야 **來照我身**과 **及**

아소주궁전옥택　피최후생　아실위모
我所住宮殿屋宅하나니 **彼最後生**에 **我悉爲母**호라

"선남자여, 지난 세상이나 지금 세상에서 시방세계
의 한량없는 부처님이 장차 성불할 적에 모두 배꼽으로
큰 광명을 놓아 저의 몸과 제가 있는 궁전을 비추었으
며, 그가 마지막으로 태어날 때까지 저는 그의 어머니
가 되었습니다."

마야부인 선지식이 해탈을 얻은 근원을 밝히는 이야기는
여기까지다. 지난 세상이나 지금 세상에서 시방세계의 한량
없는 부처님이 장차 성불할 적에 모두 그들의 어머니가 되었
다는 것으로 끝을 맺었다.

5) 자기는 겸손하고 다른 이의 수승함을 추천하다

선남자 아유지차보살대원지환해탈문
善男子아 我唯知此菩薩大願智幻解脫門이어니와

여제보살마하살 구대비장 교화중생
如諸菩薩摩訶薩은 具大悲藏하야 敎化衆生호대

상무염족 이자재력 일일모공 시현무량
常無厭足하며 以自在力으로 一一毛孔에 示現無量

제불신변 아금운하능지능설피공덕행
諸佛神變하나니 我今云何能知能說彼功德行이리오

"선남자여, 저는 다만 이 보살의 큰 원과 지혜가 환술과 같은 해탈문을 알거니와 모든 보살마하살은 크게 가엾이 여기는 광[藏]을 갖추고 중생을 교화하기에 항상 만족한 줄을 모르며 자재한 힘으로 낱낱 모공마다 한량없는 모든 부처님의 신통변화를 나타냅니다. 그러나 제가 그 공덕의 행을 어떻게 능히 알며 능히 말할 수 있겠습니까."

6) 다음 선지식 찾기를 권유하다

선남자 어차세계삼십삼천 유왕 명정
善男子야 於此世界三十三天에 有王하니 名正

념 기왕 유녀 명천주광 여예피문
念이요 其王이 有女하니 名天主光이니 汝詣彼問호대

보살 운하학보살행 수보살도 시
菩薩이 云何學菩薩行이며 修菩薩道리잇고하라 時에

선재동자 경수기교 두면작례 요무수잡
善財童子가 敬受其教하야 頭面作禮하며 繞無數市

연모첨앙 각행이퇴
하며 戀慕瞻仰하고 却行而退하니라

"선남자여, 이 세계의 삼십삼천에 정념正念이라는 왕이 있고, 그 왕에게 딸이 있으니 이름이 천주광天主光입니다. 그대는 그에게 가서 '보살이 어떻게 보살의 행을 배우며 보살의 도를 닦습니까?'라고 물으십시오."그때에 선재동자는 가르침을 공경하여 받들고 엎드려 절하고 수없이 돌면서 우러러 사모하고 물러갔습니다.

문수지남도 제43, 선재동자가 천주광녀를 친견하다.

43. 천주광녀天主光女

회연입실상會緣入實相의 별의別義의 선지식

1) 가르침에 의지하여 선지식을 찾아 법을 묻다

이시　선재　수왕천궁　견피천녀　예족
爾時에 **善財**가 **遂往天宮**하야 **見彼天女**하고 **禮足**

위요　합장전주　백언　성자　아이선발
圍繞하며 **合掌前住**하야 **白言**호대 **聖者**여 **我已先發**

아뇩다라삼먁삼보리심　이미지보살　운하
阿耨多羅三藐三菩提心호니 **而未知菩薩**이 **云何**

학보살행　운하수보살도　아문성자　선
學菩薩行이며 **云何修菩薩道**리잇고 **我聞聖者**는 **善**

능유회　원위아설
能誘誨라하니 **願爲我說**하소서

　그때에 선재동자는 드디어 천궁에 가서 그 천녀天女

를 보고는 발에 절하고 돌고 합장하고 서서 말하였습니다. "거룩하신 이여, 저는 이미 아뇩다라삼먁삼보리심을 내었으나 보살이 어떻게 보살의 행을 배우며 어떻게 보살의 도를 닦는지를 알지 못합니다. 제가 들으니 거룩하신 이께서 잘 가르치신다 하오니 바라옵건대 저를 위하여 말씀하여 주십시오."

천주광녀天主光女 선지식을 '회연입실상會緣入實相의 별의別義의 선지식'이라고 한 것은 마야부인 선지식을 '회연입실상會緣入實相의 총의總義의 선지식'이라고 하여 제10 법운지 선지식까지 끝나고 "앞의 여러 가지 지위의 차별한 인연을 모아서 하나의 진실한 법계에 들어가는 전체적인 의미를 가진다."라는 뜻에 대해 천주광녀 선지식부터 아래로는 회연입실상會緣入實相의 별의別義로서 "앞의 여러 가지 지위의 차별한 인연을 모아서 하나의 진실한 법계에 들어가는 개별적인 의미를 가진다."라는 뜻이다.

앞서 마야부인 선지식은 다음의 선지식에 대해 "삼십삼천에 정념正念이라는 왕이 있고, 그 왕에게 딸이 있으니 이름이 천주광天主光입니다."라고 가리켰다. 그 천녀란 곧 천주광

녀를 말한다. 천주광녀 선지식부터는 선지식을 찾아가는 과
정과 예를 표하고 법을 묻는 과정들이 간략하게 설하여졌
다. 또 선지식들이 자신의 법을 설하는 내용도 매우 간략하
거나 아예 생략된 경우가 많다.

2) 천주광녀가 법을 설하다

天女가 答言하사대 善男子야 我得菩薩解脫호니
名無礙念清淨莊嚴이니라

천녀天女가 대답하였습니다. "선남자여, 저는 보살의
해탈을 얻었으니 이름이 무애념청정장엄無礙念清淨莊嚴입니
다."

善男子야 我以此解脫力으로 憶念過去에 有最

승겁　　명청련화
勝劫하니 **名靑蓮華**라

"선남자여, 저는 이 해탈의 힘으로 지나간 세상을 기억합니다. 과거에 가장 수승한 겁이 있었으니 이름이 청련화靑蓮華이었습니다."

아 어 피 겁 중　공 양 항 하 사 수 제 불 여 래　　피
我於彼劫中에 **供養恒河沙數諸佛如來**호대 **彼**

제 여 래　종 초 출 가　아 개 첨 봉 수 호 공 양　　조
諸如來의 **從初出家**로 **我皆瞻奉守護供養**하야 **造**

승 가 람　　영 판 집 물
僧伽藍하고 **營辦什物**하며

"저는 그 겁에서 항하강의 모래 수처럼 많은 모든 부처님 여래께 공양하였습니다. 그 모든 여래가 처음 출가할 때부터 제가 받들어 수호하고 공양하는데 절을 짓고 온갖 생활도구를 마련하였습니다."

우피제불 종위보살 주모태시 탄생지시
又彼諸佛의 從爲菩薩로 住母胎時와 誕生之時

행칠보시 대사자후시 주동자위 재궁
와 行七步時와 大獅子吼時와 住童子位하야 在宮

중시 향보리수 성정각시
中時와 向菩提樹하야 成正覺時와

"또 저 모든 부처님들이 보살로서 어머니의 태에 계
실 때와, 탄생할 때와, 일곱 걸음을 걸을 때와, 크게 사
자후할 때와, 동자의 지위에 머물면서 궁중에 계실 때
와, 보리수를 향하여 정각을 이룰 때와,

전정법륜 현불신변 교화조복중생지
轉正法輪하고 現佛神變하야 敎化調伏衆生之

시 여시일체제소작사 종초발심 내지법
時에 如是一切諸所作事를 從初發心으로 乃至法

진 아개명억 무유유여 상현재전 염
盡히 我皆明憶하야 無有遺餘하야 常現在前하야 念

지불망
持不忘호라

바른 법륜을 굴리며 부처님의 신통변화를 나타내어 중생들을 교화하고 조복할 때에 이와 같은 여러 가지 하시던 일을 처음 발심할 적부터 법이 다할 때까지를 제가 다 밝게 기억하여 잊은 것이 없으며, 항상 앞에 나타나서 생각하고 잊지 않습니다."

천주광녀 선지식은 무애념청정장엄無礙念淸淨莊嚴이라는 해탈을 얻어서 이 해탈의 힘으로 과거의 청련화라는 겁에서 무수한 부처님께 갖가지로 공양한 것을 다 기억하였다. 또 모든 부처님이 탄생하고, 일곱 걸음을 걷고, 사자후를 하시고, 어릴 때 궁중에 머무시던 일 등을 모두 다 기억하였다. 이러한 것을 기억하는 것이 천주광녀 선지식이 얻은 법임을 밝혔다.

우 억 과 거   겁 명 선 지   아 어 피   공 양 십 항 하
又憶過去에 **劫名善地**니 **我於彼**에 **供養十恒河**

사 수 제 불 여 래
沙數諸佛如來하며

"또 기억하는 것은 과거에 선지善地라는 겁이 있었는데 저는 그때에 열 개의 항하강의 모래 수 부처님 여래께 공양하였습니다."

우 과 거 겁   명 위 묘 덕   아 어 피   공 양 일 불
又過去劫이 **名爲妙德**이니 **我於彼**에 **供養一佛**

세 계 미 진 수 제 불 여 래
世界微塵數諸佛如來하며

"또 과거에 묘덕妙德이라는 겁이 있었는데 저는 그때에 한 세계의 미진수 모든 부처님 여래께 공양하였습니다."

우 겁 명 무 소 득   아 어 피   공 양 팔 십 사 억 백
又劫名無所得이니 **我於彼**에 **供養八十四億百**

천 나 유 타 제 불 여 래
千那由他諸佛如來하며

"또 무소득無所得이라는 겁이 있었는데 저는 그때에 팔십사억 백천 나유타 모든 부처님 여래께 공양하였습니다."

우 겁 명 선 광　　아 어 피　공 양 염 부 제 미 진 수
又劫名善光이니 **我於彼**에 **供養閻浮提微塵數**

제 불 여 래
諸佛如來하며

"또 선광善光이라는 겁이 있었는데 저는 그때에 염부
제의 미진수 모든 부처님 여래께 공양하였습니다."

우 겁 명 무 량 광　　아 어 피　공 양 이 십 항 하 사
又劫名無量光이니 **我於彼**에 **供養二十恒河沙**

수 제 불 여 래
數諸佛如來하며

"또 무량광無量光이라는 겁이 있었는데 저는 그때에 이
십 항하강의 모래 수 모든 부처님 여래께 공양하였습니다."

우 겁 명 최 승 덕　　아 어 피　공 양 일 항 하 사 수
又劫名最勝德이니 **我於彼**에 **供養一恒河沙數**

제 불 여 래
諸佛如來하며

"또 최승덕最勝德이라는 겁이 있었는데 저는 그때에 한 항하강의 모래 수 모든 부처님 여래께 공양하였습니다."

우 겁 명 선 비　　아 어 피　　공 양 팔 십 항 하 사 수 제
又劫名善悲니 **我於彼**에 **供養八十恒河沙數諸**

불 여 래
佛如來하며

"또 선비善悲라는 겁이 있었는데 저는 그때에 팔십 항하강의 모래 수 모든 부처님 여래께 공양하였습니다."

우 겁 명 승 유　　아 어 피　　공 양 육 십 항 하 사 수 제
又劫名勝遊니 **我於彼**에 **供養六十恒河沙數諸**

불 여 래
佛如來하며

"또 승유勝遊라는 겁이 있었는데 저는 그때에 육십 항하강의 모래 수 모든 부처님 여래께 공양하였습니다."

우 겁 명 묘 월　　아 어 피　　공 양 칠 십 항 하 사 수
又劫名妙月이니 **我於彼**에 **供養七十恒河沙數**

제 불 여 래
諸佛如來호라

"또 묘월妙月이라는 겁이 있었는데 저는 그때에 칠십
항하강의 모래 수 모든 부처님 여래께 공양하였습니다."

선 남 자　　여 시 억 념 항 하 사 겁　　아 상 불 사 제 불
善男子야 **如是憶念恒河沙劫**에 **我常不捨諸佛**

여 래 응 정 등 각　　　종 피 일 체 제 여 래 소　　문 차 무
如來應正等覺하야 **從彼一切諸如來所**로 **聞此無**

애 념 청 정 장 엄 보 살 해 탈　　수 지 수 행　　항 불
礙念淸淨莊嚴菩薩解脫하고 **受持修行**하야 **恒不**

망 실
忘失하며

"선남자여, 이와 같이 항하강의 모래 수 겁에 제가
모든 부처님 여래 응공 정등각을 항상 버리지 않았음을
기억하며, 저 일체 모든 여래에게서 이 걸림 없는 생각
의 청정한 장엄인 보살의 해탈을 듣고, 받아 지니고 닦

고 행하여 항상 잊지 아니하였습니다."

여 시 선 겁 소 유 여 래　　종 초 보 살　　내 지 법 진
如是先劫所有如來의 **從初菩薩**로 **乃至法盡**히

일 체 소 작　　아 이 정 엄 해 탈 지 력　　개 수 억 념
一切所作을 **我以淨嚴解脫之力**으로 **皆隨憶念**하야

명 료 현 전　　지 이 순 행　　증 무 해 폐
明了現前하야 **持而順行**하야 **曾無懈廢**호라

"이와 같이 지난 겁에 계시었던 여러 여래께서 처음
보살로부터 법이 다할 때까지 하시던 모든 일을 제가
청정한 장엄 해탈의 힘으로 모두 기억하여 분명히 앞에
나타나며, 지니고 따라 행하여 잠깐도 게으르거나 폐하
지 아니하였습니다."

천주광녀 선지식은 무애념청정장엄無礙念淸淨莊嚴이라는 해
탈을 얻어서 과거의 청련화라는 겁으로부터 수많은 겁에서
무량무수 항하강의 모래 수와 같이 많고 많은 부처님께 공
양하고 기억하였음을 밝혔다.

3) 자기는 겸손하고 다른 이의 수승함을 추천하다

善男子야 我唯知此無礙念淸淨解脫이어니와 如

諸菩薩摩訶薩은 出生死夜하야 朗然明徹하며 永離

癡冥하야 未嘗惛寐하며 心無諸蓋하야 身行輕安하며

於諸法性에 淸淨覺了하며 成就十力하야 開悟群生

하나니 而我云何能知能說彼功德行이리오

"선남자여, 저는 다만 걸림 없는 생각의 청정한 해탈
[無礙念淸淨解脫]을 알 뿐입니다. 그러나 모든 보살마하살은
생사의 밤중에 나서도 밝고 분명하게 통달하며, 어리석
음의 어둠을 아주 여의고 잠깐도 혼미하지 않으며, 마
음에는 여러 가지 뒤덮인 번뇌가 없고 몸은 개운하여져
서 모든 법의 성품을 깨끗하게 깨닫고, 열 가지 힘을 성
취하여 중생들을 깨우칩니다. 그러나 제가 그러한 공덕
의 행을 어떻게 능히 알며 능히 말할 수 있겠습니까."

4) 다음 선지식 찾기를 권유하다

선남자 가비라성 유동자사 명왈변우
善男子야 迦毘羅城에 有童子師하니 名曰徧友니

여예피문 보살 운하학보살행 수보살도
汝詣彼問호대 菩薩이 云何學菩薩行이며 修菩薩道

시 선재동자 이문법고 환희용약
리잇고하라 時에 善財童子가 以聞法故로 歡喜踊躍하야

부사의선근 자연증광 정례기족 요무수
不思議善根이 自然增廣하야 頂禮其足하며 繞無數

잡 사퇴이거
帀하고 辭退而去하니라

"선남자여, 가비라성에 한 동자스님이 있으니 이름
이 변우徧友입니다. 그대는 그에게 가서 '보살이 어떻게
보살의 행을 배우며 보살의 도를 닦습니까?'라고 물으
십시오." 이때 선재동자는 법을 들었으므로 환희용약하
면서 부사의한 착한 뿌리가 저절로 증장하여 그의 발에
엎드려 절하고 수없이 돌고는 하직하고 물러갔습니다.

문수지남도 제44, 선재동자가 변우동자사를 친견하다.

44. 변우동자사 徧友童子師

1) 가르침에 의지하여 선지식을 찾아 법을 묻다

종천궁하　　점향피성　　지변우소　　예족
從天宮下하야 漸向彼城하야 至徧友所하야 禮足

위요　　합장공경　　어일면립　　백언　　성자
圍繞하며 合掌恭敬하고 於一面立하야 白言호대 聖者

아이선발아뇩다라삼먁삼보리심　　이미지
여 我已先發阿耨多羅三藐三菩提心호니 而未知

보살　　운하학보살행　　운하수보살도　　아
菩薩이 云何學菩薩行이며 云何修菩薩道리잇고 我

문성자　　선능유회　　원위아설
聞聖者는 善能誘誨라하니 願爲我說하소서

천궁天宮에서 내려와 점점 저 성을 찾아가서 변우가
있는 데 나아가 발에 절하고 두루 돌고 합장하고 공경
하며 한 곁에 서서 말하였습니다. "거룩하신 이여, 저는 이미 아뇩다라삼먁삼보리심을 내었습니다. 그러나 보살이 어떻게 보살의 행을 배우며 어떻게 보살의 도를 닦는지를 알지 못합니다. 제가 들으니 거룩하신 이께서 잘 가르치신다 하오니 바라옵건대 저를 위하여 말씀하여 주십시오."

53선지식을 소개하는 가운데 그 내용이 가장 짧은 분이다. 선재동자가 천궁天宮에서 내려와 점점 가비라성을 찾아가서 변우동자 스님을 친견하여 보살행과 보살도를 물었을 뿐이다.

2) 다음 선지식 찾기를 권유하다

변우 답언 선남자 차유동자 명선
徧友가 **答言**하사대 **善男子**야 **此有童子**하니 **名善**

지중예 학보살자지 여가문지 당위여
知衆藝라 **學菩薩字智**하나니 **汝可問之**하라 **當爲汝**

설
說하리라

    변우가 대답하였습니다. "선남자여, 여기에 한 동자가 있으니 이름이 선지중예善知衆藝입니다. 보살의 글자 지혜를 배웠으니 그대는 가서 물으십시오. 마땅히 그대를 위해 말하여 줄 것입니다."

    변우동자 스님은 자신이 얻은 해탈의 이름을 설명하지 않고 해탈의 내용도 설명하지 않고 다만 다음의 선지식을 소개했을 뿐이다. 다음의 선지식은 자신과 같은 동자이다.

문수지남도 제45, 선재동자가 지중예동자를 친견하다.

45. 지중예동자 知衆藝童子

1) 가르침에 의지하여 선지식을 찾아 법을 묻다

爾時에 善財가 卽至其所하야 頭頂禮敬하고 於一
面立하야 白言호대 聖者여 我已先發阿耨多羅三藐
三菩提心호니 而未知菩薩이 云何學菩薩行이며 云
何修菩薩道리잇고 我聞聖者는 善能誘誨라하니 願爲
我說하소서

그때에 선재동자는 곧 그에게 가서 엎드려 절하고
한 곁에 서서 말하였습니다. "거룩하신 이여, 저는 이미 아뇩다라삼먁삼보리심을 내었으나 보살이 어떻게 보살의 행을 배우며 어떻게 보살의 도를 닦는지를 알지 못합니다. 제가 들으니 거룩하신 이께서 잘 가르치신다 하오니 바라옵건대 저를 위해 말씀하여 주십시오."

지중예동자知衆藝童子란 온갖 예능을 다 잘 아는 동자라는 뜻이다. 지중예동자를 통해서 불교의 주문呪文이라든가 다라니라든가 진언眞言이라고 불리는 매우 독특한 불교를 소개하게 된다. 이러한 불교를 밀교密敎 또는 비밀불교라 하는데 대승불교 중에서도 후대에 발달한 불교이다.

밀교를 잠깐 설명하면 현교顯敎와 반대되는 말로서, 타수용응화신他受用應化身이 중생의 근기를 따라 설한 교를 현교라 하는 데 대해 자수용법성신自受用法性身이 자내증自內證의 경지를 그대로 설한 것을 밀교라 한다. 법신法身인 대일여래大日如來가 자권속自眷屬과 함께 자수용 법락法樂으로 설한 신구의의 삼밀三密의 법문을 말한 것이다. 다른 사람의 뜻을 따르는 수타의설隨他意說인 현교는 아직 권교權敎의 범위에 있으므로, 자신의 뜻을 따르는 수자의설隨自意說인 밀교는 비밀하고 진실한 교라 한다.

반야부 경전에서부터 법화경, 능엄경 그리고 화엄경에 이르기까지 모든 대승경전에는 이 밀교적 불교가 조금씩 들어가 있다. 그 영향으로 한국의 불교에도 상당한 부분 이 밀교적 내용이 들어 있다. 특히 진언이 많이 들어 있는 천수경千手經을 모든 의식을 행할 때 먼저 독송하는 점이 그것이다. 반야심경에도 주문이 들어 있고, 법화경에 다라니품이 있고 능엄경에 능엄주가 있듯이, 이 화엄경에는 아래와 같은 42자의 범어梵語 자모字母를 주문을 외듯이 부름[唱]으로써 반야바라밀문에 들어가는 것으로 되어 있는 것이 밀교적 수행이 되기 때문이다.

2) 지중예동자가 법을 설하다

시 피 동 자　고 선 재 언　　선 남 자　아 득 보 살
時彼童子가 **告善財言**하사대 **善男子**야 **我得菩薩**

해 탈　　명 선 지 중 예　　아 항 창 지 차 지 자 모
解脫호니 **名善知衆藝**라 **我恒唱持此之字母**로니

그때에 저 지중예동자가 선재에게 말하였습니다. "선 남자여, 저는 보살의 해탈을 얻었으니 그 이름은 선지 중예善知衆藝입니다. 저는 항상 이 자모字母를 부릅니다."

창 아 자 시   입 반 야 바 라 밀 문   명 이 보 살 위
唱阿字時에 **入般若波羅蜜門**하니 **名以菩薩威**

력   입 무 차 별 경 계
力으로 **入無差別境界**요

"아阿 자를 부를 때 반야바라밀다문에 들어가나니, 그 이름은 '보살의 위력威力으로 차별이 없는 경계에 들 어감'입니다."

창 다 자 시   입 반 야 바 라 밀 문   명 무 변 차 별
唱多字時에 **入般若波羅蜜門**하니 **名無邊差別**

문
門이요

"다多 자를 부를 때 반야바라밀다문에 들어가나니, 그 이름은 '그지없는 차별한 문'입니다."

창 파 자 시　　　입 반 야 바 라 밀 문　　　명 보 조 법 계
唱波字時에 **入般若波羅蜜門**하니 **名普照法界**요

"파波 자를 부를 때 반야바라밀다문에 들어가나니,
그 이름은 '법계를 두루 비춤'입니다."

창 자 자 시　　　입 반 야 바 라 밀 문　　　명 보 륜 단 차
唱者字時에 **入般若波羅蜜門**하니 **名普輪斷差**

별
別이요

"자者 자를 부를 때 반야바라밀다문에 들어가나니,
그 이름은 '넓은 바퀴로 차별을 끊음'입니다."

창 나 자 시　　　입 반 야 바 라 밀 문　　　명 득 무 의 무
唱那字時에 **入般若波羅蜜門**하니 **名得無依無**

상
上이요

"나那 자를 부를 때 반야바라밀다문에 들어가나니, 그
이름은 '의지한 데 없고 위없음을 얻음'입니다."

창 라 자 시　입 반 야 바 라 밀 문　명 이 의 지 무
唱邏字時에 **入般若波羅蜜門**하니 **名離依止無**

구
垢요

"라邏 자를 부를 때 반야바라밀다문에 들어가나니,
그 이름은 '의지함을 여의고 때가 없음' 입니다."

창 다 자 시　입 반 야 바 라 밀 문　명 불 퇴 전 방
唱㸰字時에 **入般若波羅蜜門**하니 **名不退轉方**

편
便이요

"다㸰 자를 부를 때 반야바라밀다문에 들어가나니,
그 이름은 '물러나지 않는 방편' 입니다."

창 바 자 시　입 반 야 바 라 밀 문　명 금 강 장
唱婆字時에 **入般若波羅蜜門**하니 **名金剛場**이요

"바婆 자를 부를 때 반야바라밀다문에 들어가나니,
그 이름은 '금강도량' 입니다."

창 다 자 시　　입 반야 바라밀 문　　　명 왈 보 륜
唱茶字時에 **入般若波羅蜜門**하니 **名曰普輪**이요

"다茶 자를 부를 때 반야바라밀다문에 들어가나니,
그 이름은 '넓은 바퀴' 입니다."

창 사 자 시　　입 반 야 바 라 밀 문　　　명 위 해 장
唱沙字時에 **入般若波羅蜜門**하니 **名爲海藏**이요

"사沙 자를 부를 때 반야바라밀다문에 들어가나니,
그 이름은 '바다 창고' 입니다."

창 바 자 시　　입 반 야 바 라 밀 문　　명 보 생 안 주
唱縛字時에 **入般若波羅蜜門**하니 **名普生安住**요

"바縛 자를 부를 때 반야바라밀다문에 들어가나니,
그 이름은 '두루 내어 편안히 머무름' 입니다."

창 타 자 시　　입 반 야 바 라 밀　　　명 원 만 광
唱哆字時에 **入般若波羅蜜**하니 **名圓滿光**이요

"타哆 자를 부를 때 반야바라밀다문에 들어가나니, 그 이름은 '원만한 빛'입니다."

창 야 자 시　　입 반 야 바 라 밀 문　　　명 차 별 적 취
唱也字時에 **入般若波羅蜜門**하니 **名差別積聚**요

"야也 자를 부를 때 반야바라밀다문에 들어가나니, 그 이름은 '차별을 모아 쌓음'입니다."

창 슬 타 자 시　　입 반 야 바 라 밀 문　　　명 보 광 명
唱瑟吒字時에 **入般若波羅蜜門**하니 **名普光明**

식 번 뇌
息煩惱요

"슬타瑟吒 자를 부를 때 반야바라밀다문에 들어가나니, 그 이름은 '넓은 광명으로 번뇌를 쉬게 함'입니다."

창 카 자 시　　입 반 야 바 라 밀 문　　　명 무 차 별 운
唱迦字時에 **入般若波羅蜜門**하니 **名無差別雲**이요

"카迦 자를 부를 때 반야바라밀다문에 들어가나니, 그 이름은 '차별 없는 구름'입니다."

창 사 자 시   입 반 야 바 라 밀 문   명 강 주 대 우
唱娑字時에 **入般若波羅蜜門**하니 **名降霔大雨**요

"사娑 자를 부를 때 반야바라밀다문에 들어가나니, 그 이름은 '큰 비를 퍼부음'입니다."

창 마 자 시   입 반 야 바 라 밀 문   명 대 류 단 격
唱麼字時에 **入般若波羅蜜門**하니 **名大流湍激**

중 봉 제 치
하고 **衆峯齊峙**요

"마麼 자를 부를 때 반야바라밀다문에 들어가나니, 그 이름은 '큰물이 부딪치어 흐르고 여러 봉우리가 가지런히 솟음'입니다."

창 가 자 시　입 반 야 바 라 밀 문　명 보 안 립
唱伽字時에 **入般若波羅蜜門**하니 **名普安立**이요

"가伽 자를 부를 때 반야바라밀다문에 들어가나니,
그 이름은 '두루 나란히 정돈함'입니다."

창 타 자 시　입 반 야 바 라 밀 문　명 진 여 평 등
唱他字時에 **入般若波羅蜜門**하니 **名眞如平等**

장
藏이요

"타他 자를 부를 때 반야바라밀다문에 들어가나니,
그 이름은 '진여의 평등한 창고'입니다."

창 사 자 시　입 반 야 바 라 밀 문　명 입 세 간 해
唱社字時에 **入般若波羅蜜門**하니 **名入世間海**

청 정
淸淨이요

"사社 자를 부를 때 반야바라밀다문에 들어가나니,
그 이름은 '세상 바다에 들어가 청정함'입니다."

창 쇄 자 시　　입 반 야 바 라 밀 문　　　명 염 일 체 불
唱鎖字時에 入般若波羅蜜門하니 名念一切佛

장 엄
莊嚴이요

"쇄鎖 자를 부를 때 반야바라밀다문에 들어가나니,
그 이름은 '모든 부처님의 장엄을 생각함' 입니다."

창 다 자 시　　입 반 야 바 라 밀 문　　　명 관 찰 간 택
唱柂字時에 入般若波羅蜜門하니 名觀察揀擇

일 체 법 취
一切法聚요

"다柂 자를 부를 때 반야바라밀다문에 들어가나니,
그 이름은 '모든 법의 무더기를 관찰하여 가려냄' 입니다."

창 사 자 시　　입 반 야 바 라 밀 문　　　명 수 순 일 체
唱奢字時에 入般若波羅蜜門하니 名隨順一切

불 교 륜 광 명
佛敎輪光明이요

"사奢 자를 부를 때 반야바라밀다문에 들어가나니,
그 이름은 '모든 부처님의 교법 바퀴[教輪]의 광명을 따
름'입니다."

창 카 자 시   입 반 야 바 라 밀 문   명 수 인 지 지
唱佉字時에 **入般若波羅蜜門**하니 **名修因地智**

혜 장
慧藏이요

"카佉 자를 부를 때 반야바라밀다문에 들어가나니,
그 이름은 '인행因行을 닦는 지혜 창고'입니다."

창 차 자 시   입 반 야 바 라 밀 문   명 식 제 업 해
唱叉字時에 **入般若波羅蜜門**하니 **名息諸業海**

장
藏이요

"차叉 자를 부를 때 반야바라밀다문에 들어가나니,
그 이름은 '모든 업의 바다를 쉬는 창고'입니다."

창 사 다 자 시   입 반 야 바 라 밀 문   명 견 제 혹
唱娑多字時에 **入般若波羅蜜門**하니 **名蠲諸惑**

장   개 정 광 명
障하고 **開淨光明**이요

"사다娑多 자를 부를 때 반야바라밀다문에 들어가나니, 그 이름은 '번뇌의 막힘을 덜고 깨끗한 광명을 엶'입니다."

창 양 자 시   입 반 야 바 라 밀 문   명 작 세 간 지
唱壤字時에 **入般若波羅蜜門**하니 **名作世間智**

혜 문
慧門이요

"양壤 자를 부를 때 반야바라밀다문에 들어가나니, 그 이름은 '세간의 지혜의 문을 지음'입니다."

창 갈 라 다 자 시   입 반 야 바 라 밀 문   명 생 사
唱曷攞多字時에 **入般若波羅蜜門**하니 **名生死**

경 계 지 혜 륜
境界智慧輪이요

"갈라다陽擺多 자를 부를 때 반야바라밀다문에 들어가
나니, 그 이름은 '생사 경계의 지혜 바퀴'입니다."

창 바 자 시   입 반 야 바 라 밀 문   명 일 체 지 궁
唱婆字時에 **入般若波羅蜜門**하니 **名一切智宮**
전 원 만 장 엄
殿圓滿莊嚴이요

"바婆 자를 부를 때 반야바라밀다문에 들어가나니,
그 이름은 '온갖 지혜 궁전의 원만한 장엄'입니다."

창 차 자 시   입 반 야 바 라 밀 문   명 수 행 방 편
唱車字時에 **入般若波羅蜜門**하니 **名修行方便**
장 각 별 원 만
藏各別圓滿이요

"차車 자를 부를 때 반야바라밀다문에 들어가나니,
그 이름은 '수행하는 방편 창고가 각각 원만함'입니다."

창 스마 자 시　입 반 야 바 라 밀 문　명 수 시 방
唱娑麼字時에 **入般若波羅蜜門**하니 **名隨十方**

현 견 제 불
現見諸佛이요

"스마娑麼 자를 부를 때 반야바라밀다문에 들어가나니, 그 이름은 '시방을 따라 모든 부처님을 환하게 봄'입니다."

창 흐 바 자 시　입 반 야 바 라 밀 문　명 관 찰 일
唱訶婆字時에 **入般若波羅蜜門**하니 **名觀察一**

체 무 연 중 생　방 편 섭 수　영 출 생 무 애 력
切無緣衆生하야 **方便攝受**하야 **令出生無礙力**이요

"흐바訶婆 자를 부를 때 반야바라밀다문에 들어가나니, 그 이름은 '모든 인연 없는 중생을 관찰하고 방편으로 섭수하여 걸림 없는 힘을 내게 함'입니다."

창 착 자 시　입 반 야 바 라 밀 문　명 수 행 취 입
唱縒字時에 **入般若波羅蜜門**하니 **名修行趣入**

일 체 공 덕 해
一切功德海요

"착繼 자를 부를 때 반야바라밀다문에 들어가나니, 그 이름은 '행을 닦아 모든 공덕 바다에 나아가 들어감' 입니다."

창 가 자 시   입 반 야 바 라 밀 문   명 지 일 체 법
唱伽字時에 **入般若波羅蜜門**하니 **名持一切法**

운 견 고 해 장
雲堅固海藏이요

"가伽 자를 부를 때 반야바라밀다문에 들어가나니, 그 이름은 '모든 법의 구름을 가진 견고한 바다 창고' 입니다."

창 타 자 시   입 반 야 바 라 밀 문   명 수 원 보 견
唱吒字時에 **入般若波羅蜜門**하니 **名隨願普見**

시 방 제 불
十方諸佛이요

"타吒 자를 부를 때 반야바라밀다문에 들어가나니,
그 이름은 '원하는 대로 시방의 모든 부처님을 두루 봄'
입니다."

창 나 자 시　　입 반 야 바 라 밀 문　　명 관 찰 자 륜
唱拏字時에 **入般若波羅蜜門**하니 **名觀察字輪**

유 무 진 제 억 자
이 **有無盡諸億字**요

"나拏 자를 부를 때 반야바라밀다문에 들어가나니,
그 이름은 '글자 바퀴에 다함이 없는 여러 억 글자가 있
음을 관찰함' 입니다."

창 스 파 자 시　　입 반 야 바 라 밀 문　　명 화 중 생
唱娑頗字時에 **入般若波羅蜜門**하니 **名化衆生**

구 경 처
究竟處요

"스파娑頗 자를 부를 때 반야바라밀다문에 들어가나
니, 그 이름은 '중생을 교화하여 끝 가는 곳' 입니다."

창 스 카 자 시　　입 반 야 바 라 밀 문　　명 광 대 장
唱娑迦字時에 **入般若波羅蜜門**하니 **名廣大藏**

무 애 변 광 명 륜 변 조
無礙辯光明輪徧照요

"스카娑迦 자를 부를 때 반야바라밀다문에 들어가나
니, 그 이름은 '광대한 창고 걸림 없는 변재의 광명 바
퀴가 두루 비침'입니다."

창 야 사 자 시　　입 반 야 바 라 밀 문　　명 선 설 일
唱也娑字時에 **入般若波羅蜜門**하니 **名宣說一**

체 불 법 경 계
切佛法境界요

"야사也娑 자를 부를 때 반야바라밀다문에 들어가나
니, 그 이름은 '모든 부처님의 법의 경계를 선전하여 말
함'입니다."

창 스 자 자 시　　입 반 야 바 라 밀 문　　명 어 일 체
唱室者字時에 **入般若波羅蜜門**하니 **名於一切**

중생계　법뢰변후
衆生界에 **法雷徧吼**요

"스자室者 자를 부를 때 반야바라밀다문에 들어가나
니, 그 이름은 '모든 중생세계에 법 우레가 진동함'입
니다."

창 타 자 시　입 반 야 바 라 밀 문　명 이 무 아 법
唱侘字時에 **入般若波羅蜜門**하니 **名以無我法**

개 효 중 생
으로 **開曉衆生**이요

타侘 자를 부를 때 반야바라밀다문에 들어가나니, 그
이름은 '나가 없는 법으로 중생을 깨우침'입니다."

창 타 자 시　입 반 야 바 라 밀 문　명 일 체 법 륜
唱陀字時에 **入般若波羅蜜門**하니 **名一切法輪**

차 별 장
差別藏이니라

"타陀 자를 부를 때 반야바라밀다문에 들어가나니,

그 이름은 '모든 법륜의 차별한 창고' 입니다."

선남자 아창여시자모시 차사십이반야바
善男子야 **我唱如是字母時**에 **此四十二般若波**
라밀문 위수 입무량무수반야바라밀문
羅蜜門으로 **爲首**하야 **入無量無數般若波羅蜜門**이로라

"선남자여, 제가 이와 같은 자모字母를 부를 때에 이 사십이四十二 반야바라밀다문을 으뜸으로 삼아 한량없고 수없는 반야바라밀다문에 들어갑니다."

한국의 불교에도 신묘장구대다라니神妙章句大多羅尼를 독송하는 기도회가 유행하고, 또 능엄주楞嚴呪를 독송하는 사람들, 아비라 주문을 독송하는 사람들, 광명진언光明眞言을 독송하는 사람들, '옴 마니 반메 훔'을 독송하는 사람들이 많아서 밀교적 수행이 매우 깊이 뿌리를 내리고 있다고 할 수 있다. 무엇을 독송하든 반야바라밀다의 문에 들어가야 바른 수행이 될 것이다.

3) 자기는 겸손하고 다른 이의 수승함을 추천하다

善男子^야 我唯知此善知衆藝菩薩解脫^{이이니와}

如諸菩薩摩訶薩^은 能於一切世出世間善巧之法

^에 以智通達^{하야} 到於彼岸^{하야} 殊方異藝_를 咸綜無遺

하며

"선남자여, 저는 다만 모든 예술을 잘 아는 보살의 해
탈을 알 뿐이지만 저 모든 보살마하살은 모든 세간과 출
세간의 교묘한 법을 지혜로 통달하여 저 언덕에 이르며,
다른 지방의 특이한 예술을 모두 종합하여 남음이 없으며,

文字算數^에 蘊其深解^{하며} 醫方呪術^로 善療衆

病^{호대} 有諸衆生^이 鬼魅所持^와 怨憎呪詛^와 惡星

變怪^와 死屍奔逐^과 癲癎羸瘦^의 種種諸疾^을 咸能

救之_{하야} 使得痊愈_{하며}

救之 사 득 전 유
구 지

글과 산수를 속속들이 이해하고, 의학과 주술로 여러
가지 병을 잘 치료하며, 어떤 중생들이 귀신에게 들리었
거나, 원수에게 저주를 받았거나, 나쁜 별의 변괴를 입
었거나, 송장에게 쫓기거나, 간질과 조갈 따위의 가지가
지 병에 걸린 것을 모두 구원하여 쾌차하게 하는 일과,

又善別知金玉珠貝_와 珊瑚瑠璃_와 摩尼硨磲_와

우선별지금옥주패　산호유리　마니자거

雞薩羅等_의 一切寶藏出生之處_와 品類不同_과 價

계살라등　일체보장출생지처　품류부동　가

値多少_{하며} 村營鄕邑_과 大小都城_과 宮殿苑園_과

치다소　촌영향읍　대소도성　궁전원원

巖泉藪澤_의 凡是一切人衆所居_를 菩薩_이 咸能隨

암천수택　범시일체인중소거　보살　함능수

方攝護_{하며}

방섭호

또한 금과 옥과 진주와 보패와 산호와 유리와 마니

와 자거와 계살라 등의 일체 보배가 나는 처소와 종류가 같지 않음과 값이 얼마나 가는지를 잘 분별하여 알며, 마을이나 성문이나 시골이나 성시나 크고 작은 도시들과 궁전과 공원과 바위와 샘물과 숲과 연못 등 무릇 사람들이 살 수 있는 데를 보살이 모두 다 지방을 따라 거두어 보호하는 일과,

우선 관찰 천 문 지 리
又善觀察天文地理와 인 상 길 흉
人相吉凶과 조 수 음 성
鳥獸音聲과

운 하 기 후
雲霞氣候와 연 곡 풍 검
年穀豐儉과 국 토 안 위
國土安危하야 여 시 세 간
如是世間

소 유 기 예
所有技藝를 막 불 해 련
莫不該練하야 진 기 원 본
盡其源本하며

또한 천문과 지리와 사람의 상相과 길흉과 새와 짐승의 음성을 잘 관찰하며, 구름과 안개와 기후와 시절의 흉년과 풍년과 국토의 태평하고 불안한 것을 짐작하는 일과, 이와 같은 세간의 모든 기술을 모두 잘 알아 근원까지 통달하는 일과,

우능분별출세지법　　정명변의　　관찰체
又能分別出世之法하야 **正名辯義**하며 **觀察體**

상　　수순수행　　지입기중　　무의무애　　무
相하야 **隨順修行**하며 **智入其中**하야 **無疑無礙**하며 **無**

우암무완둔　　무우뇌무침몰　　무불현증
愚暗無頑鈍하며 **無憂惱無沈沒**하며 **無不現證**하나니

이아운하능지능설피공덕행
而我云何能知能說彼功德行이리오

　　또한 세간에서 뛰어나는 법을 분별하며, 이름을 바로
알고 이치를 해석하며, 본체와 모양을 관찰하고, 수순하
여 수행하며, 지혜로 속속들이 들어가 의심도 없고 걸림
도 없고 어리석지도 않고 완악하지도 않고 근심과 침울
함도 없이 현재에 증득하지 못함이 없나니, 그 공덕의 행
을 제가 어떻게 능히 알며 능히 말하겠습니까.”

　　자신은 42자모를 불러서 반야바라밀에 들어가는 것은
잘 알지만 그 외의 온갖 예술과 재주에 대해서 안다는 것은
어려운 일이라는 점을 밝히면서 갖가지 예능에 대해서 열거
하였다.

4) 다음 선지식 찾기를 권유하다

선남자야 차마갈제국에 유일취락하고 피중유
善男子야 **此摩竭提國**에 **有一聚落**하고 **彼中有**

성하니 명파저나며 유우바이하니 호왈현승이니 여
城하니 **名婆咀那**며 **有優婆夷**하니 **號曰賢勝**이니 **汝**

예피문호대 보살이 운하학보살행이며 수보살도리잇
詣彼問호대 **菩薩**이 **云何學菩薩行**이며 **修菩薩道**리잇

고하라 시에 선재동자가 두면경례지예지족하며 요
고하라 **時**에 **善財童子**가 **頭面敬禮知藝之足**하며 **繞**

무수잡하고 연앙사거하니라
無數帀하고 **戀仰辭去**하니라

"선남자여, 이 마갈제국에 한 부락이 있고 그 부락에
성城이 있으니 이름이 파저나婆咀那요, 그 성에 한 우바이
가 있으니 이름이 현승賢勝입니다. 그대는 그에게 가서
보살이 어떻게 보살의 행을 배우며 보살의 도를 닦는지
를 물으십시오." 이때에 선재동자는 모든 예술을 잘 아
는 동자의 발에 엎드려 절하고 수없이 돌고는 우러러
사모하면서 하직하고 물러갔습니다.

문수지남도 제46, 선재동자가 현승우바이를 친견하다.

46. 현승우바이 賢勝優婆夷

1) 가르침에 의지하여 선지식을 찾아 법을 묻다

향 취 락 성　　　지 현 승 소　　　예 족 위 요　　　합 장
向聚落城하야 **至賢勝所**하야 **禮足圍繞**하며 **合掌**

공 경　　　어 일 면 립　　　백 언　　　성 자　　　아 이 선 발
恭敬하고 **於一面立**하야 **白言**호대 **聖者**여 **我已先發**

아 뇩 다 라 삼 먁 삼 보 리 심　　　이 미 지 보 살　　　운 하
阿耨多羅三藐三菩提心호니 **而未知菩薩**이 **云何**

학 보 살 행　　　운 하 수 보 살 도　　　아 문 성 자　　　선
學菩薩行이며 **云何修菩薩道**리잇고 **我聞聖者**는 **善**

능 유 회　　　원 위 아 설
能誘誨라하니 **願爲我說**하소서

선재동자는 부락의 성城을 향하여 가서 현승우바이
에게 이르러 발에 절하고 두루 돌고 합장하고 공경하며

한쪽에 서서 말하였습니다. "거룩하신 이여, 저는 이미 아뇩다라삼먁삼보리심을 내었으나 보살이 어떻게 보살의 행을 배우며 어떻게 보살의 도를 닦는지를 알지 못합니다. 제가 들으니 거룩하신 이께서 잘 가르치신다 하오니 바라옵건대 저를 위하여 말씀하여 주십시오."

2) 현승우바이가 법을 설하다

賢勝이 答言하사대 善男子야 我得菩薩解脫호니
名無依處道場이라 旣自開解하고 復爲人說하며

현승우바이가 대답하였습니다. "선남자여, 저는 보살의 해탈을 얻었으니 이름이 '의지할 데 없는 도량[無依處道場]'입니다. 이미 스스로 깨우쳐 알고, 또 다른 이를 위해서 설합니다."

현승우바이 선지식이 얻은 해탈은 그 이름이 '의지할 데 없는 도량[無依處道場]'이라고 하였는데 청량스님은 설명하시기를 "안과 밖으로 의지할 데 없음이 곧 도량[內外無依卽是道場]이다."라고 하였다. 안이든 밖이든 어떤 경계라도 경계에 의지하는 것은 곧 깨달음의 도량이 되지 못하기 때문이다.

우 득 무 진 삼 매   비 피 삼 매 법   유 진 무 진
又得無盡三昧호니 **非彼三昧法**이 **有盡無盡**이니

이 능 출 생 일 체 지 성 안 무 진 고
以能出生一切智性眼無盡故며

"또 '다함이 없는 삼매'를 얻었으니, 저 삼매의 법이 다함이 있고 다함이 없는 것이 아니라, 능히 일체 지혜의 성품인 눈을 출생함이 다함없는 연고입니다."

또 현승우바이 선지식은 '의지할 데 없는 도량'이라는 해탈을 얻고 다시 '다함이 없는 삼매'를 얻어서 일체 지혜의 성품인 눈과 귀와 코와 혀 등 육근을 출생하게 되었다. 즉 일체 지혜의 성품인 눈과 일체 지혜의 성품인 귀와 일체 지혜의 성품인 코와 일체 지혜의 성품인 혀 등을 다함없이 출생하게

되어 눈과 귀와 코가 단순히 보고 듣고 향기를 맡는 것이 아니라 모든 존재의 차별성과 평등성을 남김없이 아는 지혜의 성품이 된 것이다. 이것이 곧 '다함이 없는 삼매'의 힘이다.

우 능 출 생 일 체 지 성 이 무 진 고
又能出生一切智性耳無盡故며

"또 능히 일체 지혜의 성품인 귀를 출생함이 다함없는 연고며,

우 능 출 생 일 체 지 성 비 무 진 고
又能出生一切智性鼻無盡故며

또 능히 일체 지혜의 성품인 코를 출생함이 다함없는 연고며,

우 능 출 생 일 체 지 성 설 무 진 고
又能出生一切智性舌無盡故며

또 능히 일체 지혜의 성품인 혀를 출생함이 다함없
는 연고며,

우 능 출 생 일 체 지 성 신 무 진 고
又能出生一切智性身無盡故며

또 능히 일체 지혜의 성품인 몸을 출생함이 다함없
는 연고며,

우 능 출 생 일 체 지 성 의 무 진 고
又能出生一切智性意無盡故며

또 능히 일체 지혜의 성품인 뜻을 출생함이 다함없
는 연고며,

우 능 출 생 일 체 지 성 공 덕 파 도 무 진 고
又能出生一切智性功德波濤無盡故며

또 능히 일체 지혜의 성품인 공덕의 파도波濤를 출생

함이 다함없는 연고며,

우 능 출 생 일 체 지 성 지 혜 광 명 무 진 고
又能出生一切智性智慧光明無盡故며

또 능히 일체 지혜의 성품인 지혜의 광명을 출생함
이 다함없는 연고며,

우 능 출 생 일 체 지 성 속 질 신 통 무 진 고
又能出生一切智性速疾神通無盡故니라

또 능히 일체 지혜의 성품인 빠른 신통을 출생함이
다함없는 연고입니다."

다함이 없는 삼매를 얻어 일체 지혜의 성품인 모든 육근
이 출생함이 다함이 없음을 밝히고, 다시 공덕의 파도와 지
혜의 광명과 빠른 신통을 출생함이 다함이 없음을 밝혔다.

3) 자기는 겸손하고 다른 이의 수승함을 추천하다

선 남 자   아 유 지 차 무 의 처 도 량 해 탈
善男子야 **我唯知此無依處道場解脫**이어니와

여 제 보 살 마 하 살   일 체 무 착 공 덕 행   이 아 운 하
如諸菩薩摩訶薩의 **一切無着功德行**은 **而我云何**

진 능 지 설
盡能知說이리오

"선남자여, 저는 다만 이 '의지할 곳 없는 도량 해
탈'을 알 뿐이지만 모든 보살마하살의 모든 것에 집착
이 없는 공덕의 행을 제가 어떻게 다 알고 말하겠습니
까?"

4) 다음 선지식 찾기를 권유하다

선 남 자   남 방   유 성   명 위 옥 전   피 유 장
善男子야 **南方**에 **有城**하니 **名爲沃田**이요 **彼有長**

자   명 견 고 해 탈   여 가 왕 문   보 살   운 하
者하니 **名堅固解脫**이니 **汝可往問**호대 **菩薩**이 **云何**

학 보 살 행　　수 보 살 도　　　이 시　선 재　예
學菩薩行이며 修菩薩道리잇고하라 爾時에 善財가 禮

현 승 족　　요 무 수 잡　　연 모 첨 앙　　사 퇴 남 행
賢勝足하며 繞無數市하며 戀慕瞻仰하고 辭退南行

하니라

"선남자여, 남쪽에 한 성城이 있으니 이름이 '비옥한
밭[沃田]'이요, 거기에 장자가 있으니 이름이 견고해탈堅
固解脫입니다. 그대는 그에게 가서 '보살이 어떻게 보살
의 행을 배우며 보살의 도를 닦습니까?'라고 물으십시
오." 이때에 선재동자는 현승우바이의 발에 절하고 수
없이 돌고 우러러 사모하면서 하직하고 남쪽으로 떠났
습니다.

문수지남도 제47, 선재동자가 견고장자를 친견하다.

47. 견고장자 堅固長者

1) 가르침에 의지하여 선지식을 찾아 법을 묻다

到_도於_어彼_피城_성하야 詣_예長_장者_자所_소하야 禮_예足_족圍_위繞_요하며 合_합掌_장

恭_공敬_경하고 於_어一_일面_면立_립하야 白_백言_언호대 聖_성者_자여 我_아已_이先_선發_발

阿_아耨_뇩多_다羅_라三_삼藐_먁三_삼菩_보提_리心_심호니 而_이未_미知_지菩_보薩_살이 云_운何_하

學_학菩_보薩_살行_행이며 云_운何_하修_수菩_보薩_살道_도리잇고 我_아聞_문聖_성者_자는 善_선

能_능誘_유誨_회라하니 願_원爲_위我_아說_설하소서

　선재동자가 그 성에 이르러서 견고장자의 처소에 나아가 그의 발에 절하고 두루 돌고 합장하고 공경하며

한쪽에 서서 말하였습니다. "거룩하신 이여, 저는 이미 아뇩다라삼먁삼보리심을 내었으나 아직은 보살이 어떻게 보살의 행을 배우며 어떻게 보살의 도를 닦는지를 알지 못합니다. 제가 들으니 거룩하신 이께서 잘 가르치신다 하오니 바라옵건대 저를 위하여 말씀하여 주십시오."

2) 견고장자가 법을 설하다

長者가 答言하사대 善男子야 我得菩薩解脫호니

名無着念淸淨莊嚴이니 我自得是解脫已來로 於

十方佛所에 勤求正法하야 無有休息호라

견고장자가 대답하였습니다. "선남자여, 제가 보살의 해탈을 얻었으니 이름이 무착념청정장엄無着念淸淨莊嚴입니다. 저는 이 해탈을 얻고부터는 시방의 부처님 계신 데에서 바른 법을 부지런히 구하여 쉬지 아니하였습니다."

견고장자는 자신이 얻은 해탈의 이름만 소개하고 그 내용에 대해서는 설명하지 않았다. 다만 "그 해탈을 얻고부터는 시방의 부처님 계신 데에서 바른 법을 부지런히 구하여 쉬지 아니하였다."라고만 하였다. 내용을 설명하지 않았으므로 해탈을 얻은 시간과 장소 등 갖가지 사연에 대해서도 일체 언급이 없다.

3) 자기는 겸손하고 다른 이의 수승함을 추천하다

선 남 자　아 유 지 차 무 착 념 정 장 엄 해 탈
善男子야 我唯知此無着念淨莊嚴解脫이어니와

여 제 보 살 마 하 살　획 무 소 외 대 사 자 후　안 주
如諸菩薩摩訶薩은 獲無所畏大獅子吼하야 安住

광 대 복 지 지 취　이 아 운 하 능 지 능 설 피 공 덕
廣大福智之聚하나니 而我云何能知能說彼功德

^행
行이리오

"선남자여, 저는 다만 이 집착한 생각이 없이 청정한 장엄 해탈을 알 뿐이지만 모든 보살마하살은 두려울 것 없음을 얻어 크게 사자후하며, 넓고 큰 복과 지혜의 무더기에 편안히 머뭅니다. 그러나 제가 그 공덕의 행을 어떻게 능히 알며 능히 말하겠습니까."

4) 다음 선지식 찾기를 권유하다

^{선남자} ^{즉차성중} ^{유일장자} ^{명위묘월}
善男子야 即此城中에 有一長者하니 名爲妙月

^{기장자택} ^{상유광명} ^{여예피문} ^{보살}
이요 其長者宅에 常有光明하니 汝詣彼問호대 菩薩이

^{운하학보살행} ^{수보살도} ^시 ^{선재동}
云何學菩薩行이며 修菩薩道리잇고하라 時에 善財童

^자 ^{예견고족} ^{요무수잡} ^{사퇴이행}
子가 禮堅固足하며 繞無數帀하고 辭退而行하니라

"선남자여, 이 성중에 한 장자가 있으니 이름이 묘월 妙月입니다. 그 장자의 집에는 항상 광명이 있으니 그대는 그에게 가서 '보살이 어떻게 보살의 행을 배우며 보살의 도를 닦습니까?'라고 물으십시오." 이때에 선재동자는 견고장자의 발에 절하고 수없이 돌고 하직하고 물러갔습니다.

문수지남도 제48, 선재동자가 묘월장자를 친견하다.

48. 묘월장자 妙月長者

1) 가르침에 의지하여 선지식을 찾아 법을 묻다

향묘월소 예족위요 합장공경 어일
向妙月所하야 禮足圍繞하며 合掌恭敬하고 於一

면립 백언 성자 아이선발아뇩다라삼먁
面立하야 白言호대 聖者여 我已先發阿耨多羅三藐

삼보리심 이미지보살 운하학보살행 운
三菩提心호니 而未知菩薩이 云何學菩薩行이며 云

하수보살도 아문성자 선능유회 원
何修菩薩道리잇고 我聞聖者는 善能誘誨라하니 願

위아설
爲我說하소서

선재동자는 묘월장자妙月長者가 있는 데를 찾아가서 발
에 절하고 두루 돌고 합장하고 공경하면서 한쪽에 서서

말하였습니다. "거룩하신 이여, 저는 이미 아뇩다라삼 먁삼보리심을 내었으나 아직 보살이 어떻게 보살의 행을 배우며 어떻게 보살의 도를 닦는지를 알지 못합니다. 제가 들으니 거룩하신 이께서 잘 가르치신다 하오니 바라옵건대 저를 위하여 말씀하여 주십시오."

2) 묘월장자가 법을 설하다

묘 월   답 언   선 남 자   아 득 보 살 해 탈
妙月이 **答言**하사대 **善男子**야 **我得菩薩解脫**호니

명 정 지 광 명
名淨智光明이니라

묘월장자가 대답하였습니다. "선남자여, 저는 보살의 해탈을 얻었으니 이름이 정지광명淨智光明입니다."

3) 자기는 겸손하고 다른 이의 수승함을 추천하다

선남자 아유지차 지광해탈 여제보살
善男子야 **我唯知此智光解脫**이어니와 **如諸菩薩**

마하살 증득무량해탈법문 이아운하능
摩訶薩은 **證得無量解脫法門**하나니 **而我云何能**

지능설피공덕행
知能說彼功德行이리오

"선남자여, 저는 다만 이 지혜 광명 해탈을 알 뿐이지만 모든 보살마하살은 한량없는 해탈의 법문을 증득하였습니다. 그러나 제가 그 공덕의 행을 어떻게 능히 알며 능히 말할 수 있겠습니까."

4) 다음 선지식 찾기를 권유하다

선남자 어차남방 유성 명출생 피유
善男子야 **於此南方**에 **有城**하니 **名出生**이요 **彼有**

장자 명무승군 여예피문 보살 운하
長者하니 **名無勝軍**이니 **汝詣彼問**호대 **菩薩**이 **云何**

학 보 살 행　　수 보 살 도　　　시 시　선 재　예
學菩薩行이며 **修菩薩道**리잇고하라 **是時**에 **善財**가 **禮**

묘 월 족　　요 무 수 잡　　연 앙 사 거
妙月足하며 **繞無數帀**하고 **戀仰辭去**하니라

"선남자여, 여기에서 남쪽에 성城이 있으니 이름이
출생出生이요, 거기에 장자가 있으니 이름이 무승군無勝軍
입니다. 그대는 그에게 가서 '보살이 어떻게 보살의 행
을 배우며 보살의 도를 닦습니까?'라고 물으십시오."
이때에 선재동자는 묘월장자의 발에 절하고 수없이 돌
고 우러러 사모하면서 하직하고 떠났습니다.

문수지남도 제49, 선재동자가 무승군장자를 친견하다.

49. 무승군장자 無勝軍長者

1) 가르침에 의지하여 선지식을 찾아 법을 묻다

漸向彼城_{하야} 至長者所_{하야} 禮足圍繞_{하며} 合掌
점향피성　　　지장자소　　　예족위요　　　합장

恭敬_{하고} 於一面立_{하야} 白言_{호대} 聖者_여 我已先發
공경　　　어일면립　　　백언　　성자　　아이선발

阿耨多羅三藐三菩提心_{호니} 而未知菩薩_이 云何
아뇩다라삼먁삼보리심　　　이미지보살　　운하

學菩薩行_{이며} 云何修菩薩道_{리잇고} 我聞聖者_는 善
학보살행　　　운하수보살도　　　아문성자　　선

能誘誨_{라하니} 願爲我說_{하소서}
능유회　　　원위아설

　선재동자는 점점 그 성에 나아가 장자가 있는 데 이
르러서 발에 절하고 두루 돌고 합장하고 공경하면서 한

쪽에 서서 말하였습니다. "거룩하신 이여, 저는 이미 아뇩다라삼먁삼보리심을 내었으나 그러나 아직 보살이 어떻게 보살의 행을 배우며 어떻게 보살의 도를 닦는지를 알지 못합니다. 제가 들으니 거룩하신 이께서 잘 가르치신다 하오니 바라옵건대 저를 위하여 말씀하여 주십시오."

2) 무승군장자가 법을 설하다

장자 답언 선남자 아 득 보살 해탈
長者가 **答言**하사대 **善男子**야 **我得菩薩解脫**호니

명 무 진 상 아 이 증 차 보살 해탈 견 무 량 불
名無盡相이니 **我以證此菩薩解脫**하야 **見無量佛**하고

득 무 진 장
得無盡藏호라

장자가 대답하였습니다. "선남자여, 제가 보살의 해탈을 얻었으니 이름이 무진상無盡相입니다. 저는 이 보살의 해탈을 증득하였으므로 한량없는 부처님을 친견하고 무진장無盡藏을 얻었습니다."

3) 자기는 겸손하고 다른 이의 수승함을 추천하다

선 남 자　아 유 지 차 무 진 상 해 탈　　　　여 제 보
善男子야 我唯知此無盡相解脫이어니와 如諸菩

살 마 하 살　득 무 한 지　무 애 변 재　　이 아 운 하
薩摩訶薩은 得無限智와 無礙辯才하나니 而我云何

능 지 능 설 피 공 덕 행
能知能說彼功德行이리오

"선남자여, 저는 다만 이 다함없는 형상 해탈을 알 뿐이지만 모든 보살마하살은 한량없는 지혜와 걸림 없는 변재를 얻었습니다. 그러나 제가 그 공덕의 행을 어떻게 능히 알며 능히 말할 수 있겠습니까."

4) 다음 선지식 찾기를 권유하다

선 남 자　어 차 성 남　유 일 취 락　　명 지 위 법
善男子야 於此城南에 有一聚落하니 名之爲法

　피 취 락 중　유 바 라 문　　명 최 적 정　　여 예
이요 彼聚落中에 有婆羅門하니 名最寂靜이니 汝詣

彼問_{피문}_{호대} 菩薩_{보살}이 云何學菩薩行_{운하학보살행}이며 修菩薩道_{수보살도}리잇고

하라 時_시에 善財童子_{선재동자}가 禮無勝軍足_{예무승군족}하며 繞無數帀_{요무수잡}하고

戀仰辭去_{연앙사거}하니라

"선남자여, 이 성城 남쪽에 한 마을이 있으니 이름이 법法이요, 그 마을에 바라문이 있으니 이름이 최적정最寂靜입니다. 그대는 그에게 가서 '보살이 어떻게 보살의 행을 배우며 보살의 도를 닦습니까?'라고 물으십시오." 이때에 선재동자는 무승군장자의 발에 절하고 수없이 돌고 우러러 사모하면서 하직하고 떠났습니다.

문수지남도 제50, 선재동자가 최적정바라문을 친견하다.

50. 최적정바라문 最寂靜婆羅門

1) 가르침에 의지하여 선지식을 찾아 법을 묻다

점차남행　예피취락　견최적정　예족
漸次南行하야 **詣彼聚落**하야 **見最寂靜**하고 **禮足**

위요　합장공경　어일면립　백언　성자
圍繞하며 **合掌恭敬**하고 **於一面立**하야 **白言**호대 **聖者**

아이선발아뇩다라삼먁삼보리심　이미지
여 **我已先發阿耨多羅三藐三菩提心**호니 **而未知**

보살　운하학보살행　운하수보살도　아
菩薩이 **云何學菩薩行**이며 **云何修菩薩道**리잇고 **我**

문성자　선능유회　원위아설
聞聖者는 **善能誘誨**라하니 **願爲我說**하소서

　선재동자는 점점 남쪽으로 가다가 그 마을에 이르러
최적정最寂靜바라문을 친견하고 그의 발에 절하고 두루

돌고 합장하고 공경하며 한쪽에 서서 말하였습니다. "거룩하신 이여, 저는 이미 아뇩다라삼먁삼보리심을 내었으나 아직은 보살이 어떻게 보살의 행을 배우며 어떻게 보살의 도를 닦는지를 알지 못합니다. 제가 들으니 거룩하신 이께서 잘 가르치신다 하오니 바라옵건대 저를 위하여 말씀하여 주십시오."

바라문婆羅門이란 인도 4성姓의 하나이다. 정행淨行·정지淨志·정예淨裔·범지梵志라 번역한다. 인도 4성의 최고 지위에 있는 종족으로 승려의 계급이다. 바라문교의 전권專權을 장악하여 임금보다 윗자리에 있으며, 신神의 후예라 자칭하며, 정권의 배심陪審을 한다. 사실상의 신의 대표자로서 권위를 떨친다. 만일 이것을 침해하는 이는 신을 침해하는 것과 같다고 하며, 그들의 생활에는 범행梵行·가주家住·임서林棲·유행遊行의 네 시기가 있어, 어렸을 때는 부모 밑에 있다가 좀 자라면 집을 떠나 스승을 모시고 베다를 학습하고, 장년에 이르면 다시 집에 돌아와 결혼하여 살다가, 늙으면 집안 살림을 아들에게 맡기고 산이나 숲에 들어가 고행 수도한 뒤에 나와 사방으로 다니면서 세상의 모든 일에 초탈하여 남들이 주는 시물施物로써 생활한다.

2) 최적정바라문이 법을 설하다

바라문 답언 선남자 아득보살해탈
婆羅門이 **答言**하사대 **善男子**야 **我得菩薩解脫**호니

명성원어 과거현재미래보살 이시어고 내
名誠願語니 **過去現在未來菩薩**이 **以是語故**로 **乃**

지어 아뇩다라삼먁삼보리 무유퇴전 무이
至於阿耨多羅三藐三菩提에 **無有退轉**하야 **無已**

퇴 무현퇴 무당퇴 선남자 아이주어
退하며 **無現退**하며 **無當退**니라 **善男子**야 **我以住於**

성원어고 수의소작 막불성만
誠願語故로 **隨意所作**하야 **莫不成滿**호라

바라문이 대답하였습니다. "선남자여, 저는 보살의
해탈을 얻었으니 이름이 '성원어誠願語'입니다. 과거 현
재 미래의 보살들이 이 말을 인하여 아뇩다라삼먁삼보
리에서 물러나지 않나니, 이미 물러난 이도 없고, 지금
물러나는 이도 없고, 장차 물러날 이도 없습니다. 선남

자여, 저는 진실하게 원하는 말에 머물렀으므로 뜻대로 짓는 일이 만족하지 않는 일이 없습니다."

3) 자기는 겸손하고 다른 이의 수승함을 추천하다

선 남 자　　아 유 지 차 성 어 해 탈　　　　여 제 보 살
善男子야 **我唯知此誠語解脫**이어니와 **如諸菩薩**

마 하 살　여 성 원 어　　행 지 무 위　　언 필 이 성
摩訶薩은 **與誠願語**로 **行止無違**하야 **言必以誠**하야

미 증 허 망　　무 량 공 덕　인 지 출 생　　　이 아 운
未曾虛妄하야 **無量功德**이 **因之出生**하나니 **而我云**

하 능 지 능 설
何能知能說이리오

"선남자여, 저는 다만 이 진실하게 원하는 말의 해탈을 알 뿐이거니와 저 모든 보살마하살은 진실하게 원하는 말과 더불어 행함이 어긋나지 않으며, 말은 반드시 진실하여 허망하지 않아서 한량없는 공덕이 이로부터 출생합니다. 그러나 제가 어떻게 능히 알며 능히 말할 수 있겠습니까."

4) 다음 선지식 찾기를 권유하다

선남자 어차남방 유성 명묘의화문
善男子야 **於此南方**에 **有城**하니 **名妙意華門**이요

피유동자 명왈덕생 부유동녀 명위유
彼有童子하니 **名曰德生**이며 **復有童女**하니 **名爲有**

덕 여예피문 보살 운하학보살행 수
德이니 **汝詣彼問**호대 **菩薩**이 **云何學菩薩行**이며 **修**

보살도 시 선재동자 어법존중 예
菩薩道리잇고하라 **時**에 **善財童子**가 **於法尊重**하야 **禮**

바라문족 요무수잡 연앙이거
婆羅門足하며 **繞無數帀**하고 **戀仰而去**하니라

"선남자여, 여기에서 남쪽에 성城이 있으니, 이름이 묘의화문妙意華門이요, 그곳에 동자가 있으니 이름이 덕생德生이며, 또 동녀가 있으니 이름이 유덕有德입니다. 그대는 그들에게 가서 '보살이 어떻게 보살의 행을 배우며 보살의 도를 닦습니까?'라고 물으십시오." 이때에 선재동자는 법을 존중히 여기므로 바라문의 발에 절하고 수없이 돌고는 우러러 사모하면서 떠났습니다.

입법계품 17 끝
〈제76권 끝〉

華嚴經 構成表

分次	周次			内容	品數	會
舉果勸樂生信分 (信)	所信因果周			如來依正	世主妙嚴品 第一 如來現相品 第二 普賢三昧品 第三 世界成就品 第四 華藏世界品 第五 毘盧遮那品 第六	初
修因契果生解分 (解)	差別因果周	差別因		十信	如來名號品 第七 四聖諦品 第八 光明覺品 第九 菩薩問明品 第十 淨行品 第十一 賢首品 第十二	二
				十住	昇須彌山頂品 第十三 須彌頂上偈讚品 第十四 十住品 第十五 梵行品 第十六 初發心功德品 第十七 明法品 第十八	三
				十行	昇夜摩天宮品 第十九 夜摩天宮偈讚品 第二十 十行品 第二十一 十無盡藏品 第二十二	四
				十廻向	昇兜率天宮品 第二十三 兜率宮中偈讚品 第二十四 十廻向品 第二十五	五
				十地	十地品 第二十六	六
				等覺	十定品 第二十七 十通品 第二十八 十忍品 第二十九 阿僧祇品 第三十 如來壽量品 第三十一 菩薩住處品 第三十二	七
		差別果		妙覺	佛不思議法品 第三十三 如來十身相海品 第三十四 如來隨好光明功德品 第三十五	
	平等因果周	平等因			普賢行品 第三十六	
		平等果			如來出現品 第三十七	
托法進修成行分 (行)	成行因果周			二千行門	離世間品 第三十八	八
依人證入成德分 (證)	證入因果周			證果法門	入法界品 第三十九	九

（資料：文殊經典研究會）

會場	放光別	會主	入定別	說法別舉
菩提場	遮那放齒光眉間光	普賢菩薩爲會主	入毘盧藏身三昧	如來依正法
普光明殿	世尊放兩足輪光	文殊菩薩爲會主	此會不入定・信未入位故	十信法
刀利天宮	世尊放兩足指光	法慧菩薩爲會主	入無量方便三昧	十住法門
夜摩天宮	如來放兩足趺光	功德林菩薩爲會主	入菩薩善思惟三昧	十行法門
兜率天宮	如來放兩膝輪光	金剛幢菩薩爲會主	入菩薩智光三昧	十廻向法門
他化天宮	如來放眉間毫相光	金剛藏菩薩爲會主	入菩薩大智慧光明三昧	十地法門
會普光明殿	如來放眉間口光	如來爲會主	入刹那際三昧	等妙覺法門
會普光明殿	此會佛不放光・表行依解法依解光故	普賢菩薩爲會主	入佛華莊嚴三昧	二千行門
祇陀園林	放眉間白毫光	如來善友爲會主	入獅子頻申三昧	果法門

如天 無比

1943년 영덕에서 출생하였다. 1958년 출가하여 덕흥사, 불국사, 범어사를 거쳐 1964년 해인사 강원을 졸업하고 동국역경연수원에서 수학하였다. 10여 년 선원생활을 하고 1976년 탄허스님에게 화엄경을 수학하고 전법, 이후 통도사 강주, 범어사 강주, 은해사 승가대학원장, 대한불교조계종 교육원장, 동국역경원장, 동화사 한문불전승가대학원장 등을 역임하였다. 2018년 5월에는 수행력과 지도력을 갖춘 승랍 40년 이상 되는 스님에게 품서되는 대종사 법계를 받았다.

현재 부산 문수선원 문수경전연구회에서 150여 명의 스님과 300여 명의 재가 신도들에게 화엄경을 강의하고 있다. 또한 다음 카페 '염화실 (http://cafe.daum.net/yumhwasil)'을 통해 '모든 사람을 부처님으로 받들어 섬김으로써 이 땅에 평화와 행복을 가져오게 한다.'는 인불사상(人佛思想)을 펼치고 있다.

저서로 『무비스님의 유마경 강설』(전 3권), 『대방광불화엄경 실마리』, 『무비스님의 왕복서 강설』, 『무비스님이 풀어쓴 김시습의 법성게 선해』, 『법화경 법문』, 『신금강경 강의』, 『직지 강설』(전 2권), 『법화경 강의』(전 2권), 『신심명 강의』, 『임제록 강설』, 『대승찬 강설』, 『당신은 부처님』, 『사람이 부처님이다』, 『이것이 간화선이다』, 『무비 스님과 함께하는 불교공부』, 『무비 스님의 증도가 강의』, 『일곱 번의 작별인사』, 무비 스님이 가려 뽑은 명구 100선 시리즈 (전 4권) 등이 있고 편찬하고 번역한 책으로 『화엄경(한글)』(전 10권), 『화엄경(한문)』(전 4권), 『금강경 오가해』 등이 있다.

대방광불화엄경 강설 제76권

| 초판 1쇄 발행_ 2017년 12월 21일
| 초판 2쇄 발행_ 2020년 8월 19일

| 지은이_ 여천 무비(如天 無比)
| 펴낸이_ 오세룡
| 편집_ 박성화 손미숙 김정은 김영미
| 기획_ 최은영 곽은영
| 디자인_ 고혜정 김효선 장혜정
| 홍보 마케팅_ 이주하
| 펴낸곳_ 담앤북스
     서울특별시 종로구 새문안로3길 23 경희궁의 아침 4단지 805호
     대표전화 02)765-1251 전송 02)764-1251 전자우편 damnbooks@hanmail.net
     출판등록 제300-2011-115호
| ISBN 979-11-6201-021-1 04220

정가 14,000원